ABOUT TIBET
THE STORY OF CHANGE

变迁的故事

讲述西藏

王不君 主编

华文出版社
SINO-CULTURE PRESS

图书在版编目（CIP）数据

讲述西藏.变迁的故事/王丕君主编.——北京：华文出版社，2017.9
ISBN 978-7-5075-4562-3

Ⅰ.①讲… Ⅱ.①王… Ⅲ.①西藏—概况 Ⅳ.①K927.5

中国版本图书馆CIP数据核字(2017)第156806号

书　　名：	讲述西藏·变迁的故事
标准书号：	ISBN 978-7-5075-4562-3
责任编辑：	宋军占　钟卫芳　雷平
出版发行：	华文出版社
社　　址：	北京市西城区广外大街305号8区2号楼
邮政编码：	100055
网　　址：	http://www.hwcbs.com.cn
投稿信箱：	songjunzhan@sina.com
电　　话：	编辑部：010-58336192　总编室：010-58336239　发行部：010-58336270
经　　销：	新华书店
印　　刷：	北京画中画印刷有限公司
开　　本：	787×1092　1/16
印　　张：	11
字　　数：	145.3千字
版　　次：	2018年1月第1版
印　　次：	2018年10月第2次印刷
定　　价：	46.00元

版权所有，侵权必究

编审委员会

主　编：王丕君

副主编：张晓明　孙良刚　李红强

编写人员（按姓氏笔画为序）：

　　　　马　恺　　王梦璐　　冯登宁　　闫　洁

　　　　张　敏　　吴建颖　　范登科　　郭明慧

　　　　翟新颖

出版前言

《讲述西藏》丛书出版之际，正值中国改革开放四十周年，这套书展示了西藏和平解放以来，尤其是改革开放以来，在党和国家的关心、帮助和全国各族人民的共同支援下，经过共同奋斗，西藏社会各方面发生的翻天覆地的变化。丛书图文并茂，以点带面，综合运用了历史档案、文献记录、现场访谈等手法，对事件、地点、人物、器具等进行了白描式展示，全方位、多角度、立体化地展示了西藏社会在经济发展、社会建设、百姓生活、宗教信仰、文化传承、生态与环境保护等方面所发生的深刻变化。

丛书的出版，有助于海内外读者更加全面、深入、系统地了解真实、客观、原本的西藏。西藏的命运始终与中华民族的命运紧密相连，西藏的变化始终与伟大祖国的发展紧密相随。相信西藏的明天会更加美好！

谨以此书献给改革开放四十周年。

序言一

讲述西藏的好书

苏叔阳

西藏是伟大祖国的固有领土不可分割的一部分；勤劳质朴的藏族同胞是伟大中华民族各支系的兄弟姐妹，但西藏的历史变迁，文明的特色和发展，以及今日的生活状况、发展前景许多国内同胞并不太了解。随着青藏铁路的通车、民航航线的拓展和旅游事业的迅速发展，特别是祖国各发达地区，与西藏地区工农业、教育事业的对口支援、合作，使蒙在西藏脸上薄薄的神秘面纱随风而去。她高远蓝天、袅袅白云、巍峨大山、青碧圣湖，和那随处可见的飘扬的经幡，以及庄严质朴的佛祖的信众，会让你觉得出乎意料的美丽：古老的庄严静谧和现代繁盛与活泼结合得那样巧妙而有活力，让西方一些政客及十四世达赖喇嘛的呓语，许多都变成了痴人说梦。

解释这一切的最好办法有两个：一是出版一套通俗而又严谨的读物，把过去，现在，将来，通过各色人等——过去的贵族、农奴、现在的僧侣、平民、农民、牧民、中外记者、旅游家、历史学家等等，实话实说，以真实可信的数字衬底；不信？请来旅游。眼见为实。这是第二个好办法。西方客人来了，有正经的好咖啡，想品品藏人好喝的甜茶吗？请君在蓝天白云下，青青湖水旁，饮甜茶，思爱侣，神飞海角天涯。假如此时再有优雅的诵经声，和庄严的钟声在轻风中传来，您也许会有晶莹的泪滴挂上睫毛。真的，此时一切惑人的

慷慨激昂的演说,就失去了效果。或者这会勾起您想一探究竟的愿望,那我向您推荐此书。读了此书,您会长出一口气,叹曰:"原来如此!"

西藏和藏胞质朴又可爱。她文明的独特美就在于文明的多元而同一。这一套书,有人物经历,有理论解说,有历史演变,深浅皆有,真实可信,是一套好书。力劝大家,尽可能读读此书,乃至多读几遍,您一定会有巨大的收获和因此带来的欣喜!

谨以此为序。

2015 年 8 月 15 日
日寇宣布无条件投降 70 周年
于京华寤斋

序言二

今天的故事就是明天的历史

清华大学国际传播研究中心主任　博士生导师　李希光

翻开《讲述西藏》这套丛书,让我想到8年前我在西藏的一段故事。

在八廓街一个转角处的黄房子的屋顶上,我和我的20名学生挤在长条木凳上聆听英国历史学者杨明皓(Miles Young)先生讲课。我和杨明皓创建并共同主讲"大篷车课堂"有十几年了,他最近被任命为牛津大学新学院候任院长。

这一次西藏之行是在2007年春,杨明皓的课是我们到达拉萨的第一堂课。他上来就问:"谁能回答,我为什么要让你们读那本书(《西藏七年》)?"这座叫玛吉阿米的黄房子据说是六世达赖和美丽少女相遇的地方,伴着金色夕阳下的布达拉宫和手中热腾腾的酥油茶,学生们努力思考着杨的问题,尽管他们在北京到拉萨的火车上一直在阅读这本书并完成了读后感,但这个"为什么"难住了他们。

一个男生打破了沉寂:"我们过去看到的西藏新闻报道和信息都是正面的,这本书让我们了解到西藏负面的东西。"另一个学生说:"这本书包含了西藏生活的方方面面,作者并没有只写正面的东西,他也展示了许多负面的东西。"这时,一个叫海伦的学生说道:"我感到作者在讨好贵族。他把大部分时间花在跟贵族交朋友和参加各种宴会上了。这就是我的结论。"

杨明皓说："这是一个很好的结论。这本书中有些东西并不像表面看上去那么简单。我为什么要让你们读这本书？我想要锻炼你们的大脑，因为你们的大脑是一块肌肉，跟你们身体里其他的肌肉一样。你们的读后感可以分成两类：一类数量多一些，一类数量少一些。第一类读者我称作对书的'直观反应'，与之相反的读者就是对书的批判性反应。第一类读者趋向于表面，比较肤浅；第二类读者就深入得多。我想告诉你们的是，你们写文章太快了、太冲动，不花时间思考。如果用一种更具分析性的方式看待这本书，你们就会开始问问题：作者的想法是从哪儿来的？他的角度是什么？真正的事实是什么？哪些事实比较有说服力？哪些又很荒诞？如果你怀疑某些事实，那么给出你自己的证据来反驳这些事实。如果你解构这本书，你实际上是开始解构外界关于西藏的一些神话。

"关于香格里拉的神话在欧洲文明与思维中的影响力是非常强大的。香格里拉神话提供了情感和个体上的安宁，它为我们这些生活在西方文明中的人提供了希望，如果我们要度过安宁和纯净的一生，也许能够在拉萨或是其他地方找到更好的归宿。你们可以重新审视这个神话的前提，西藏过去是和平的吗？性别之间的竞争、传统苯教与佛教之间的竞争，以及达赖喇嘛与班禅喇嘛之间的竞争一直都是存在的。"

课后有学生评价："这堂课最核心的词是'why'，为什么杨要让我们看《西藏七年》，我们采访别人的时候，不要从问题跳到解决方法，而是要在其中再问一个'为什么'。我们最终应该解构香格里拉神话、解构西藏神话，消除像《西藏七年》这样误导性极大的书，还西藏一个真实的面目。历史上，这里也存在着不同的部族，有文化冲突甚至战争冲突,并不是一个宁静美好的人间天堂。"

当我们常常多问一个"为什么"时,我们的视角就打开了,从而跳出之前的思维定势,通过用历史的眼光和对现实的把握能够更理性地看待和解决问题。华文出版社出版的这套《讲述西藏》丛书正是站在尊重历史、尊重现实的高度,使用平实的语言和确凿的数据讲述着西藏的政治、经济、宗教、文化、教育等方方面面。

更为难能可贵的是,围绕西藏这个庞大、复杂、深奥的话题,《讲述西藏》丛书并没有用枯燥的文献、严肃的说教、艰深的理论来堆砌文字,而是通过人性的故事展现给读者一个真实的西藏。这些文章看上去轻松有趣,实际上这表面的轻松背后是大量的采访调研,必定花费了不少人力物力。编者把每章又分为四节:讲述、故事、编辑视点、背景知识,从宏观叙事到一个个人物的命运讲述,从画龙点睛的评论到实实在在的数据,每章都力求做到有理有据、有情有感。

在过去的16年里,我每年带着学生走在路上读书、采访、研讨、写作,就是希望他们在这个"大篷车课堂"上学会用朴实无华的语言写出一个个真实动人的故事。在方法上通过练习直接引语、场景描写等写作技巧,而背后则是扎实的历史地理知识的积淀和独立思考能力的培养。当代社会充斥着大众媒体与社交媒体,人们越来越成为信息的被动接收者。在这个媒介化社会中,我尝试训练学生用更理性的分析方法看待不同的文化与人类,用自己的双眼观察生活在不同环境下的人们,摆脱大众媒体刻板成见的束缚去搜寻他乡的故事。《讲述西藏》丛书中的许多人物故事及写作技巧是值得学生们学习借鉴的。

构思这篇书评的时候，我正带着学生坐在从巴基斯坦北部山区的"小西藏"飞往伊斯兰堡的1959年生产的C-130大力神军用运输机上。这是我第四次带领学生进入藏传佛教的源头巴基斯坦犍陀罗地区采访，而藏传佛教路线更是"大篷车课堂"的传统路线，除了我国的西藏、青海、四川、云南、甘肃等地，"大篷车课堂"还开到了尼泊尔，俄罗斯图瓦、布里亚特和蒙古国。这16年间我带着累计500多名学生出征20多次，用他们的双脚、双眼寻找真相，并让他们用自己的思维去解构当代媒体和学界关于生活在亚洲边地上的人的"神话"。借用了古代商人和朝圣者的"大篷车"概念，我与友人杨明皓共同指导这个"充满思想火花的大车店"。

　　与《讲述西藏》丛书的出版目的相同，"大篷车课堂"旨在通过阅读、采访并撰写当地风土人情来鼓励人们，特别是年青一代的跨文化对话。期待《讲述西藏》不断续写新篇章，寻找更多发生在西藏的感人故事。以真诚的态度讲述今天的故事就是在负责任地书写西藏明天的历史。

目 录

前　言

第一章　见证历史变迁——往事并不如烟 …………… 1

一、讲述：穿越古今的历史见证者……………………… 2
二、故事：我与西藏有个约定…………………………… 8
三、编辑视点：历史即是画作…………………………… 12
四、背景知识：它们，从远古走来……………………… 13

第二章　从中世纪而来的跨越……………………… 27

一、讲述：西藏旧制度的记忆…………………………… 28
二、故事：两个曾经对立阶层的现代生活……………… 32
三、编辑视点：西藏的"废奴运动"…………………… 53
四、背景知识：西藏的贵族……………………………… 54

第三章　西藏百姓的生与活………………………… 57

一、讲述：雪域高原的民生……………………………… 58
二、故事：西藏基层的人生……………………………… 71

三、编辑视点：香格里拉并不是真实西藏……………………91

四、背景知识：西藏的民生工程……………………………93

第四章　教育让孩子的明天更美好……………95

一、讲述：西藏教育变迁……………………………………96

二、故事：西藏教育变迁中的那些人和事………………109

三、编辑视点：西藏教育的面貌已今非昔比……………121

四、背景知识：西藏现代教育……………………………122

第五章　经济奇迹造就幸福西藏…………………129

一、讲述：雪域的财富与繁荣……………………………130

二、故事：西藏人民致富背后的故事……………………143

三、编辑视点：高原的现代经济…………………………152

四、背景知识：雪域的经济奇迹…………………………153

后　　记……………………………………………159

前　言

西藏，在一些人的眼中，是一个神圣的能够洗涤心灵的地方，那里天高云低，经幡飘扬，匍匐的身躯诉说着宗教的虔诚。西藏，又是一个真实的地方，生活在那里的人们拥有的不仅仅是欢歌弹唱、策马奔腾，同样经历着世间的悲欢离合与生老病死，体味着时代带给自己的平凡或不平凡的人生。

1959年前的西藏，还处在封闭的封建农奴制社会。贵族与平民之间有着近乎不可逾越的鸿沟，凝固的社会肆意地压抑着人性。当时的英国《每日邮报》驻印度记者埃德蒙·坎德勒在1905年出版的《拉萨真面目》中写道，"人民还停留在中世纪的年代，不仅仅是他们的政体、宗教方面，在他们的严厉惩罚、巫术、灵童转世以及要经受烈火与沸油的折磨方面也是如此，而且在他们日常生活的所有方面也都不例外"。

在旧西藏凝固的体制下，每一位新生的个体都不得不接受"命运"的安排，富贵或贫贱，你无从选择，无所逃避。固化的体制与长时期的阶层压迫，造成旧西藏社会如同一潭死水，生活在其中的每一个个体都面临着窒息的危险。

在当时的世界格局下，打破这样的体制，谋求西藏社会良好的发展，成为西藏当时不得不面临的命题。然而，变革的代价是沉重的，每一次从西藏内部的改革，一触及西藏封建农奴社会和政教合一体制，必将面对整个社会疯狂地反扑，最终归于失败。

历史将改革西藏社会的任务交给了中国新生的人民政权。《十七条协议》为西藏带来了和平解放，平叛为西藏带来了和平稳定的局面，民主改革为西藏解放了生产力，改革开放让西藏人民走上幸福之路。

对于平民而言，每一个社会的变迁都是一次命运选择，在这个历史过程中，我们都将主动或者被动地成为改革的参与者。作为社会的一个微小的个体，西藏的普罗大众第一次真切地掌握了自己的命运。对于他们而言，历史变迁都是真实的生活。

他们看到卫生院建到了自己身边，看病的费用可以报销；他们看到孩子可以不用交钱去读书，国家甚至提供了"三包"政策；他们去拉萨朝圣可以乘坐火车甚至飞机，从此不必风餐露宿；他们的生意越做越大，手里的百元大钞总也数不完。

这就是变迁……

我们讲述的正是西藏最伟大的历史变迁过程中一个个普通民众的故事，他们都很平凡，而且还在继续……

第一章
见证历史变迁——往事并不如烟

青藏高原,素有"地球第三极"之称,这里地势极高、气候寒冷;西藏,神奇的雪域,这里宗教神秘、文化独特。曾几何时的象雄文化、吐蕃盛世,曾几何时的分裂割据、多封众建,如今看来,已经远去的历史如同一缕微光,使茫茫的雪域仍存一丝温度,指引我们探寻曾经。对于西藏,我们也许终归还是一个旁观者,但是,它们却是历史变迁的见证者……

一、讲述：穿越古今的历史见证者

在历史长河中，人的一生如白驹过隙般短暂。如果能将生命以某种形式和历史更紧密地联系在一起，那无疑是一种幸运。青藏高原，有这样一群人，凭着那份炽热的执着和真实的追求，铸就着，守望着，见证着，孜孜不倦，只为抵御隐匿或沉潜。

强巴格桑：布达拉宫的守望者

已经从岗位上退休的强巴格桑，被人们亲切地称为"布达拉宫CEO"。如今，强巴格桑走在八廓街的转经道上，依然会有陌生人走过来，轻轻握住他的手表示问候。已经有多少陌生人这样向他传达过敬意，强巴格桑记不清了。他只记得自己走遍了布达拉宫的每个角落，亲历了布达拉宫史无前例的两次维修工程，并用生命三分之一的时间坚守着对布达拉宫的承诺。

强巴格桑（右一）正在查看布达拉宫维修工程（图片来源：中国西藏网）

出身贵族的布达拉宫"看客"

强巴格桑出身于旧西藏的"拉侗贵族"家庭。回忆起自己的童年，强巴格桑说自己从未见过母亲的面，10岁那年他的父亲也过世了，他是被当时家里的一个家奴养大的。后来，做僧官的舅舅收养了强巴格桑，因为舅舅当过布达拉宫总管，于是，强巴格桑就跟着舅舅经常出入布达拉宫。但是，对作为旧西藏政权中心的布达拉宫而言，他只是一个"看客"而已。后来，强巴格桑经常说，党和政府把如此重要的工作交给自己——一个贵族后裔管理，就可以说明一切。因为，在旧西藏，布达拉宫只属于一个人，而现在，布达拉宫是整个中华民族的文化瑰宝，这里的每一个人都是他的主人，都是他的守护者。

从7岁到17岁，强巴格桑当过十年喇嘛，也学会了说汉语。17岁时，他开始走上社会自己谋生，在1960年被分配到达孜县当电影放映员。直到1984年调回拉萨，在西藏电影公司工作。

难解之缘"首席管家"

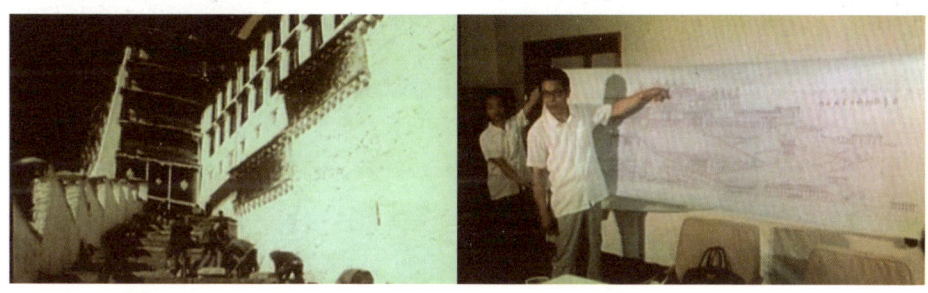

1989年布达拉宫维修时的场景（图片来源：《讲述西藏》纪录片）

1989年10月11日，布达拉宫迎来了350多年来规模最大的一次维修。第二天，强巴格桑卸下西藏电影公司副经理的职务，来到布达拉宫负责专家接待以及整个维修的后勤工作。也是从这一天开始，强巴格桑就与布达拉宫紧紧地联系在一起。1991年1月，强巴格桑正式出任布达拉宫管理处处长一职，从"看客"变成了"首席管家"，而这一接手，就是整整20年。

"接管"布达拉宫后，强巴格桑首先对这个伟大建筑群内的无数文物珍宝清点造册。从1991年开始，他带着几个助手对几十万件文物进行清点和分类，并因为维修的需要对它们进行了大规模的搬迁，这个工作持续了整整3年。

第一次大规模维修于1994年竣工，国家共投入了5300多万元，当时在中国文物维修史上创造了一个纪录。维修队撤走后，强巴格桑的心却一点儿也不踏实。因为在清点布达拉宫共有多少房子的过程中，他和管理处的工作人员发现了一个神秘的建筑部分："地垄"——这种迄今为止仅在布达拉宫发现的、

由于没有任何建筑图纸,为了知道地基是否稳固,强巴格桑亲自勘测"地垄"的全面情况(图片来源:《讲述西藏》纪录片)

罕见的地基建筑形式。因为依山而建,为了使布达拉宫的建筑房屋基础坚固,同时增加建筑底层面积,古人先在山坡上用土石砌墙,然后在墙上搭架梁木,这就形成特殊的"地垄"。布达拉宫共13层,最深的地垄达到8层。

强巴格桑发现,地垄里墙体开裂,木椽子被虫蛀、断裂的现象也非常明显,如果不及时修复,布达拉宫将会变成一座危楼。

2002年6月26日,经过4年的调查和前期论证后第二次大修正式动工,地垄的修复和加固是其中的重点。在维修中,采用了内地古建筑维修常用的灌浆技术,但因为很多地垄非常狭窄,人在里面几乎无法转身,因此工作组专门进口了小型机器。材料上原来使用的是水泥和沙子,但由于黏性太大造成了墙体的二次开裂,最后经过多次试验,按比例添加黄土和石灰,问题终于得到了解决。

在布达拉宫的两次大规模维修中,面对各种困难和技术困扰问题,强巴格桑都挺身而出,敢于承担重大责任。特别是布达拉宫"地垄"迹象探查工作,强巴格桑不放过任何蛛丝马迹,他常常一个人爬软梯,钻进仅能容纳一个人的地垄墙洞,凡发现一处就立即通知专家,和勘探队一起完成"地垄"的加

几年下来，强巴格桑走遍了布达拉宫所有的建筑和几百处"地垄"（图片来源：《讲述西藏》纪录片）

固保护工程。因为他知道，"地垄"的问题不解决，布达拉宫的隐患就永远存在。

在第二期维修过程中，国家文物局曾专门请教敦煌研究院的专家帮助修补布达拉宫的破损壁画，强巴格桑专门派人去敦煌学习修补壁画的技术，还专门请出从事西藏传统绘画的勉唐派传承人罗布斯达，共同研究查阅史料和经书，把损坏的壁画临摹下来，把脱落的部分补充完整。现如今，布达拉宫大部分损坏的壁画都已经得到修复，那些古老的艺术在石墙上曼妙起舞，栩栩如生的人物拨开历史的烟尘，鲜活的面容透出远古的气息。

直至2009年8月，第二次大修在人们的一片赞扬声中落幕了。历时7年完成的布达拉宫第二次维修，真正做到了文物维修的首要原则："修旧如旧"和"保持原貌"，这也是这项规模浩大的工程的最成功之处。

仅从数据上看，国家对布达拉宫两次维修的投入就达到了2.5亿元之多。在对布达拉宫进行第二次维修之前，国家计划投入1.7亿元对其进行地垄加固、木材防腐处理、壁画保护性维修等项目。在工程深入开展之后，国家调整概算追加投资，仅二次维修的实际总投资就达到2.0499亿元。

从1989年到2009年，布达拉宫的维修持续了整整20年，专家判断，在未来的50年时间里，布达拉宫不需要再进行大的维修了（图片来源：《讲述西藏》纪录片）

两次大规模的维修让布达拉宫这处藏民族建筑艺术的结晶得到了更加完备的保护。回顾20多年来的每个万家团圆的日子，强巴格桑从没陪家人过过一个完整的新年，但看到竣工典礼的欢乐场面，他心里涌出无言的感动，他深情地说："20年过去，转眼满头白发，但仰望蓝天下的布达拉宫，用我最金色的年华换你昂然屹立、万人瞩目、人人向往，幸矣，足矣！"

如今，连做梦都在担心着布达拉宫失火的强巴格桑终于可以放心这个朝夕相伴达二十载的老伙伴，可以安享晚年了。20余年来，强巴格桑在红山千万次爬上爬下，为布达拉宫遮雨扫雪、防雷防火，用他的话说，"我是在布达拉宫的历史上做了我应做的事"，也正因为有强巴格桑这样的守护者，这座古老的宫殿至今依旧焕发着青春的光芒。

守卫雪域文明的路上，强巴格桑老人并不是孤独的。

1974年，西藏昌都地区卡若村，一次考古发掘打破了高原生命禁区的论断，近万件文物的出土，为世人展示了一个高原上的古老文明。

更堆老人是当年参加发掘的考古队员。他依然清晰地记得当年的情景。遗址的发现过程非常偶然，当时，在兴建西藏昌都水泥厂的过程中出土了很多文物，经专家确认，这里是原始社会的部落遗址。

1978年，西藏第一次重大考古发掘开始了。众多文物的出土让我们看到了一个古老的文明，这次考古推翻了国内外研究人类起源的说法，根据专家鉴定，卡若遗址距今5500年到4500年，这是一个繁衍近千年的古老部落的聚居地。专家推测，卡若先民与今天青海、甘肃一带的民族似乎有着共同的族源，他们可能都属于古代中国的西南地区，一个大文化系统中的不同分支。现在，整个卡若遗址的面积已达到3.8万平方米，几年之后，这里将建成一个大型的遗址公园。

古老虽然意味着遥远，但并不一定远离人们的生活。

西藏的制盐方法已有一千多年的历史。盐田的所在地叫盐井，是一个小镇，属于西藏昌都地区的芒康县。一千多年来，江边卤水井里的泉眼从未枯竭，这片古老盐田上晒制出来的盐巴通过茶马古道流通到西南各地。

次仁玉珍家里有37块盐田，一年的收入有一万多元。晒盐结束后，她正在用一种刀状的工具刮盐。古老的盐田，搭建在峡谷两岸，层层叠叠，顺坡而上。当年，从这里制作出来的盐巴，随着茶马古道上的马帮，流通到远方。今天，交通的变化，让茶马古道真正变成了历史的遗迹，青藏、新藏、川藏、滇藏四条公路，覆盖了这片高原，曾经的茶马古道，有的被公路覆盖，有的成为旅游景点，而大部分路段被遗忘在了山野之间。古道边的盐田也面临着改变，滇藏公路就从它的身边经过，这是一条繁忙的进藏旅游线路，大量的游客在这里驻足，欣赏这自然与人文相交融的奇异景观。盐井的村民依然沿袭着祖辈流传的制盐工艺，这种采用古老技艺制作出来的盐巴，不再运往远方，而是在周边进行销售。如今，在盐井修建了一座博物馆，馆内的陈列向人们诉说着这段悠远的历史……

如果说盐是生活中的必需品，那么，藏香之于藏族人，则是生活和灵魂的双重伴侣。

尼木县吞达村是西藏最负盛名的藏香产地，这里是藏文创始人吞弥·桑布扎的故乡。传说，是吞弥·桑布扎向村民们传授了制作藏香的技艺。一千三百多年过去了，这一古老的技艺依然在这里代代相传。次仁多吉正在将加工好的柏木段固定在水车上，上好的柏木是制作藏香的必备原料。作为家族中的第三代传人，次仁多吉从 15 岁开始学习制作藏香，到现在已经做了十八九年了。他一直沿用最传统的加工方式，生产的藏香远近闻名。吞达村的大部分家庭都和次仁多吉家一样，生产藏香是家庭的主要收入。 如今，村里修建了展示当地传统文化的博物馆，着力打造尼木吞巴景区。旅游业的发展为次仁多吉和村里人带来了更多的收入。

布达拉宫、卡若遗址、茶马古道、芒康盐井、千年香寨……历史的车轮从不曾为谁停下或放缓，但是，它却为我们留下这些穿越古今的见证者，它们尽职地诉说过去，淡定地面对现在，并见证着一个又一个故事串成的变迁……

二、故事：我与西藏有个约定

1. 藏族小伙仁青德哲的藏香情缘

初识来自四川阿坝州阿坝县的藏族小伙仁青德哲，是在 2009 年仲夏的拉萨，他裹着头巾，将自己关在房间里磨着藏香原料。那时，他就说，想建一个自己的藏香厂。没想到时隔一年，他真的将厂子开起来了，厂房里既没有机械，也没有其他工人，只有他自己。他甚至都不打广告，并坚信藏香本身才是最大的广告招牌。现在，香港、内地慕名来买藏香的人不少，他对藏香纯手工制作和传统工艺的严谨态度深得顾客的肯定。一位顾客在博客里写道："他的坚守，在机械化如此发达的今天，显得弥足珍贵。"

仁青德哲知道，在讲究经济效益的今天，很多藏香厂都用机器制作藏香，

德哲说，这些藏香，每一份都是圣洁的（摄影：牧原）

但师父说，有些藏药一接触金属，药效就会打折，所以，一定要坚持手工制作。师父对他约法三章：一是藏香原料不能掺假，二是要手工制作，三是不能打着他的旗号赚钱。

德哲口中的师父，在西藏日喀则地区潜心研究藏香数十年。德哲坚信是缘分让他遇上这位藏香师。

仁青德哲的父亲曾经是阿坝县最富有的商人之一，曾是拉萨一家牛奶公司最大的股东，后来遭遇了纠纷，家里负债累累。父亲去了青海，企图东山再起。却怎料生意每况愈下，几年后，父亲士气大落，穷困潦倒，重病缠身。那年，当家人接到消息时，父亲已经病入膏肓，奄奄一息。仁青德哲和家人连夜赶路，却依然没能见他最后一面。

父亲的离去，让德哲学藏香的愿望暂时被埋藏起来。德哲和哥哥从阿坝来到父亲创业的拉萨，拉蜂窝煤赚钱还债。他不记得卖出了多少块煤，只知道对拉萨的每一个巷子，他们都了如指掌。拉了三年煤，并变卖了家里值钱的东西后，终于将债还清。德哲的哥哥选择回到家乡，而他说，我要留在西藏。

德哲一边卖煤，一边四处打听，哪里有最好的藏香师。2002年，在日喀则地区，路人被德哲的执着感动，便告诉他，附近有个70多岁的藏香大师，研究了一辈子的藏香。仁青德哲兴奋极了，日落后上山找到了他。

藏香师婉拒了德哲的要求。德哲没有立即离开，而是讲起了自己的故事，他说自己想学做真正的藏香，而不是用粉碎后的纸箱、牛反刍过的杂物做成劣质香。既为供奉上师三宝天神，也为预防疾病、安神、保健。这样，德哲洗干净沾着煤灰的双手，成了藏香师的关门弟子。

藏香师手把手地传授藏香制作工艺，从如何配药，如何磨制藏药，如何选择上好的药材，各种药材之间如何搭配……算是将毕生的心血和心得和盘托出。仁青德哲印象最深的是，师父让他拿起一个小秤盘，命令我把秤砣放在1两处，他随手抓了一种藏药丢到秤盘内，秤盘是平的，居然丝毫不差！

一年后，藏香师告诉德哲他已经学到了自己所有的本领，可以下山了。并叮嘱他一定要坚持手工制作藏香，不要投机取巧，要严格按照配方去做。

带着师父的叮咛，德哲回到了有着经商传统的家乡，想寻找合伙人投资筹办藏香厂，但没人肯相信他这个毛头小子。四处碰壁后，德哲返回拉萨，

专门到藏香厂来打工,因为干得好,有的藏香厂老板给他涨过工资。他也碰到过有的企业往藏香里加香精,对原料偷工减料,德哲劝说无效后,只好辞职。

辞职后,德哲将技术教给了自己的哥哥,筹到资金后,他们在阿坝自治州的藏香厂开业了。而德哲,则在拉萨开了自己的手工作坊。他对藏香所需的檀香、三采虹、藏红花、丁香、砂仁等38种天然药草的要求几近苛刻,2010年的整个秋天,他都在西藏、云南、甘肃、四川等地奔波,忙着收购藏药材,每一样药材都要亲自挑选。成本之高,可想而知。

而对藏香制作的虔诚,也让他成为了很多顾客镜头中拍摄的对象。在搓揉藏药之前,德哲事先要洗手和清洗器具,一方面是为了保证藏香的质量,更重要的是,要洗去内心的杂念,一尘不染,心如明镜。

德哲的藏香现在主供布达拉宫和大昭寺,他为自己的藏香厂取名叫作"仁青藏香厂",托朋友设计了包装盒,夏季忙时会请两个帮工,他打算明年去工商注册。仁青德哲现在不敢接大单,因为必须保证质量,所以产量就有限。这也是他的藏香厂将来必须要面对的现实问题。

德哲以公元15世纪的藏医药大师第悉桑杰嘉措所著藏医名著《善言立法之匙》中的藏香配置技巧理论为依据,利用17世纪拉萨研制的藏香"金聚圣香"的配方精华技巧制作而成的藏香,用了30多种藏药材,一小捆卖30元的藏香,刨去成本,只赚4元。

德哲对藏香工艺的梦想一直没停止。尽管他曾当过模特,也曾像所有年轻人一样,喜欢追影视明星。仁青德哲会三种藏香配方,最难的那种还没制作出来,因为工期长,过程非常的复杂,稍有差错,就要作废从头开始。不过,德哲已经决定要挑战了,虽然,他的藏香,在外人看来,工艺已经足够好了。

在德哲的新浪博客里,他在《我的藏香情缘》中说:"我,这辈子,就注定与藏香相依相偎,情缘不断。"

2. "老雪巴"琼达:布达拉宫脚下的世俗生活

老雪城位于布达拉宫山脚下,"雪"藏语意为"下面""底部",因为坐落在布达拉宫下面而得名,住在这里的人们俗称为"雪巴",意为住在雪城的人。

雪城从建筑角度来讲,是属于布达拉宫的附属建筑,雪城如同布达拉宫一

样,经过了岁月的洗礼,现如今雪城已经成为旅游者的观光地。在雪新村建成之前,雪城直到90年代依然有许多的"雪巴"生活于此。如今住在雪新村的琼达已经50岁了,他是一名地道的"雪巴",在1995年搬迁到这里前,他们一家还住在当时布达拉宫脚下的雪城。虽然现在的生活环境与当年的老雪城有天壤之别,但对于像琼达这样的老"雪巴"而言,当年的雪城是他们无法忘怀的。因为雪新村的建成,现在人们已经称雪城为"老雪城"。琼达回忆到当时的雪城时说:"虽然房屋很老旧,但住在这里的人们都很'自豪'。在雪城只要抬头一望便是雄伟神圣的布达拉宫,现在想起来在布达拉宫脚下生活真是我们三生有幸。"以前布达拉宫每隔几年就会有晒佛的仪式,拉萨各地的人们都会排队拥挤在广场来观赏,而住在雪城的人在自家屋顶上就可以找到最佳的位置来观赏这一难得的盛世美景。

琼达基本上认识所有住在雪城的人,哪一家住的谁他都非常清楚,而这并不稀奇,因为当时人们都生活在一个宅院中,邻里间平日里联系密切,"有时炒菜忘了买葱就会跟邻居要,邻居打酥油茶没了红茶就会向我们家要,在当时这是很常见的,这样的邻里关系实在是难得。"琼达深情地说着。琼达家从他的父母辈开始,现在又有了自己的儿女,在这里已经生活了三代了,因此他对雪城的感情和认识是不同于别人的。

在雪城最令琼达难以忘怀的是每年过藏历年,藏历初三的时候所有邻居都会带着自家烹制的糕点和青稞酒到大院的房顶上为新的一年祈福庆祝,人们都会穿上节日的盛装高高兴兴地玩上一天,人们相互祝福祈祷,尽管平日里很多邻居都忙着各自的生活,有些相互联系较少,但这天所有邻居都会非常热情地相互串门拜年。"我们平时生活都很节俭,尽管当时大家的生活都不怎么富裕,但是藏历年整个雪城都非常热闹,现在人们的生活富裕充足,但已经很少有像在雪城时的那种气氛了。"琼达现在的生活环境虽然很好,但他还是十分留恋当时在雪城时的那种宅院生活。

现在的雪新村是拉萨所有社区中环境条件最好的一个社区，不仅房屋宽敞明亮，街道干净卫生，还在院子中种满了鲜花，环境十分优美。琼达也和自己的儿女们生活在雪新村，整个社区的人口也已经增加了许多，在琼达眼里陌生和熟悉的人各占一半，不仅有藏族，还有许多汉族租户。琼达依然保留着在老雪城时的那种待人之道，无论平日里还是过节，他都会与自己的邻居联络感情相互帮助，对他来说邻里间和谐相处才是快乐的根本。在他看来，尽管搬到了雪新村，但他还要继续做一个保留传统的"老雪巴"。

三、编辑视点：历史即是画作

"为公主筑一城以夸后世"。布达拉宫，一座爱的城堡，一座神圣的宫殿，更是一幅辉煌的历史画卷。这座当年为迎娶唐朝文成公主而建的宫殿，跨越千年，依然矗立在拉萨的红山之巅，昭示着汉藏千年长存的友谊，与这座城市浑然一体。

"拣茶为款同心友"。对于茶马古道而言，商人、旅人都已是匆匆过客，但是今天，我们仍然能够想象那一幅幅感人至深的画面和那真真切切的场景。茶马古道沿途的山水，是一种惊世的苍茫和旷世的沉寂，那种苍凉、严酷的美轻易就把人带入史前时代；古道上历尽沧桑的石头，那亿万年来不老的蓝天，那一逝不再、永不重复的云，那似乎来自极地或外太空的光芒，它们组合成的色彩令人激动不已；那些用轻铃合着马蹄的吟咏，唱进藏、汉、纳西、白等各兄弟民族之间的诗歌，不仅描述和记录了历史上我国各地经济、文化之间的交流往来，更唱出了各民族之间的团结与友谊。

"阳光与风的作品"。盐井的盐田，至今仍完整保留的世界独一无二的古老制盐术，千百年来从未干涸的卤水源，相同的加工器材和同样的加工技艺，澜沧江两岸上层层叠叠建起的几千块盐田，收获的不仅是结晶盐，更是一场旷世隔空的对话。

还有那五千年前，先人们第一次对美的追求。

还有那千年藏香村的袅袅青烟带去的向神佛的祈祷……

千年的故事和记忆在这里凝固,世代的信仰在这里释放。历史,像极了一幅极具张力的泼墨画作。

若真如人们所说,去西藏,将会是改变一生的旅行。相信,丰富我们生命的力量,定是积聚于遥远的那时。这些从历史深处走来的事物仿佛只为完成一种使命,那就是:活着·见证。

驻足布达拉宫、经过盐田时,你可曾在与之对望中感觉到对心灵的冲击,凝视到西藏遥远的诉说与未来的歌唱?

强巴格桑是幸运的,更堆老人是幸运的,因为历史与现实在他们身上重合,他们就像是从遥远的历史穿越而来,那么默契地,一拍即合。

四、背景知识:它们,从远古走来

1. "人"在青藏五千年——卡若遗址

卡若遗址,位于西藏昌都地区的卡若村(图片来源:《讲述西藏》纪录片)

卡若,藏语意为"城堡"。传说曾有个名叫多达的将军欲征服此地,当地居民为此修筑城墙进行抵抗,但后来城堡被攻克并遭到摧毁,只留下了它的名称。

据介绍，遗址属于新石器时代聚落遗址，距今有四五千年的历史，是考古界公认的西藏三大原始文化遗址之一（分别为昌都卡若遗址、拉萨曲贡遗址、藏北细石器遗址）。该遗址是1978年水泥厂工人在施工过程中发现的，后在1978年、1979年和2002年、2012年进行过四次发掘，共发现房屋遗址31座，道路3条，石墙3段，圆石台2座，石围圈2座，灰坑20处，水沟1条，遗址面积约3.8万平方米，其中约有1200平方米为核心区域。遗址出土文物多达3万余件。

卡若遗址核心区出土了8000多件生产工具，显示出那曾经是一个规模不小的部落（图片来源：《讲述西藏》纪录片）

卡若遗址的时代，人类物质文化的主要特征是学会了磨制石器，烧制陶器，开始了各种植物的种植和动物饲养。卡若遗址的地层堆积，主要为昌都红土层，底部泥质较多，以杂色页岩为主。遗址中出土的石器有打制石器，也有磨光石器，种类也较多。计有铲类、锄类、切割器、投掷器、尖状器、砍砸器、敲砸器、刮削器、碎磨器、石砧等，还有石镞、石矛等细石器，有的石器，特别是磨光石器，采用玉石制作，打磨得极为精细。

卡若遗址出土的生活用具,以及保存良好的谷子和猪的骸骨(图片来源:《讲述西藏》纪录片)

出土文物中各种各样的骨针,制作得非常精细,这说明当时生产和工具制作的技能都已达到了相当高的水准。还有烧制有各种花纹的陶器,其中以一种双体陶罐最为突出。出土的装饰品中,有用玉、石、骨等制作的环、珠、镯等,说明卡若遗址的主人已经产生了美的观念,知道打扮自己了。遗址中出土的玉器和海贝是卡若居民与各个地区的民族相互交换而来的,这说明尽管西藏和其他地区之间有高山大河的阻隔,但并不能断绝本地居民和其他民族的正常交往。

遗址中最惊喜的发现就是这件双体陶罐,奇特的造型在今天看来也犹如一件艺术品,经过研究,认为其是用于宗教祭祀或者是部落庆典中的礼器。这是国家一级文物,也是西藏博物馆的镇馆之宝(图片来源:《讲述西藏》纪录片)

卡若遗址的发掘对研究西藏的原始文化具有划时代的意义，对西藏人的祖源提供了翔实的资料。说明从河煌南下的氐羌系统的人仅仅构成西藏先民的一部分，而且是后来加入融合的一部分。实际上，早在旧石器时代，西藏就有原始人居住。卡若遗址发掘的资料说明，西藏高原自古就有人类在这里繁衍、生息，开拓这片广阔的土地。目前，卡若遗址已正式列入西藏自治区级重点文物保护单位。

2. 尘封不住的汉藏千秋古道——茶马古道

作为我国西南地区最重要的商贸通道，茶马古道早在汉代就已经初具雏形，到明清时期达到鼎盛，这条陆路的交通网络，串联起四川、云南、西藏这个西南三角区域（图片来源：《讲述西藏》纪录片）

在横断山脉的高山峡谷，在滇、川、藏的丛林之中，绵延盘亘着一条神秘的古道，这就是"茶马古道"，这条雄奇艰险的道路，因汉藏之间的茶马互市而得名。

据史料记载，唐肃宗至德元年（公元756年），在蒙古的回纥地区开了茶马交易的先河。至北宋时，茶马交易市场的重心转移到甘陕地区，而易马的茶叶则就地取于川蜀，并在成都、秦州（今甘肃天水）各置榷茶和买马司。

茶马古道上的马帮，常年奔走在险恶的山道上。当年，从丽江到拉萨，单程要走三四个月，一年只能往返一趟（图片来源：《讲述西藏》纪录片）

元代时，官府一度废止了宋代所实行的茶马治边政策，及至明清才又恢复茶马。许多文学、艺术作品中都记录了我国各个朝代时茶马交易的景象，如明代戏曲家、文学家汤显祖的《茶马》诗就曾写道："黑茶一何美，羌马一何殊"、"羌马与黄茶，胡马求金珠"，可见当时茶马交易市场的繁荣。

茶马古道的主要线路有两条，即滇藏道和川藏道。滇藏道起自云南西部洱海一带产茶区，经丽江、中甸（今香格里拉县）、德钦、芒康、察雅至昌都。川藏道则以今四川雅安为起点，自康定至昌都（今川藏公路南线）。

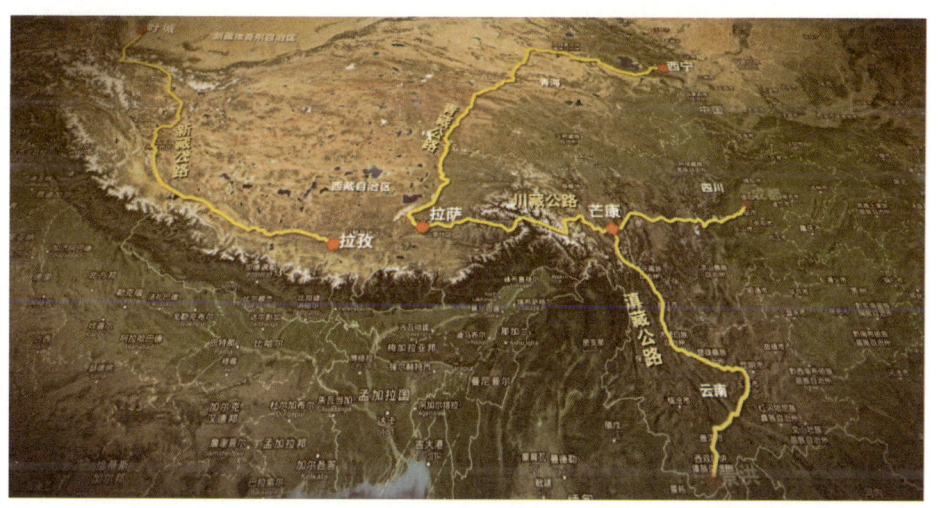

今天，交通的发展让茶马古道真正变成了历史的遗迹（图片来源：《讲述西藏》纪录片）

特殊的自然地貌以及众多的民族分布使古老的茶马古道在现代文化的冲击下仍能部分保存于我国西部。可以说，茶马古道是一条有灵性的古老的马帮之路，它见证着中国乃至亚洲各民族间千百年来因茶而缔结的血肉情感。

文成公主进藏带动藏区广泛饮茶，宋代在西北大兴茶马互市，明清两代以茶治蕃，从任何一个节点都可以找到茶叶于民族、经济、政治、民生的伟大价值。藏族民众说"茶是血，茶是肉，茶是生命"，藏族史诗《格萨尔》说"汉地的货物运到藏区，是我们这里不产这些东西吗？不是的，不过是要把藏汉两地人民的心连在一起罢了"。这是藏族人民对茶以及茶马古道最朴实、最深刻的理解。

国家于 2010 年 6 月启动了茶马古道的保护计划，2011 年 3 月茶马古道顺利通过了第七批全国重点文物保护单位的评审工作，包括易武古茶园、鲁史古镇在内的 200 多个地方都整体纳入茶马古道保护计划。

3. 原始风景线——盐井

盐井，纳西语称"察卡"，藏语则称"察卡洛"，"察"意为盐，"卡"或"卡洛"意为井眼或洞眼，翻译成汉语即盐井。盐井历史悠久，早在西藏吐蕃王朝以前，西藏的部落各占一方的时候就有盐田，传说在朵康六岗当中，芒康岗是产食盐的岗，所以很出名。传说中的格萨尔王和纳西王羌巴争夺盐井食盐而发生的交战，叫"羌岭之战"，最后格萨尔王战胜了羌巴，占领了盐井，活捉了纳西王的儿子友拉，到西藏吐蕃王朝后期，纳西王子友拉成了格萨尔王的纳西大臣，格萨尔王盐田给了纳西王子友拉，并一直保留至今。

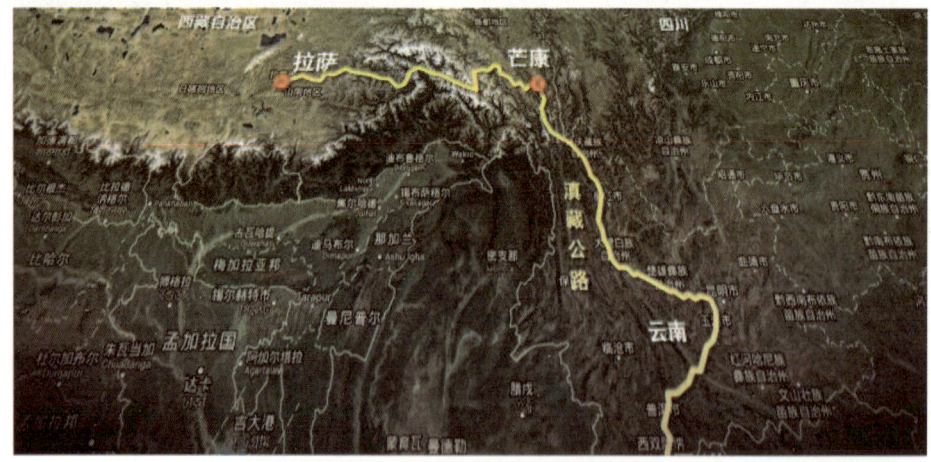

盐井小镇属于西藏昌都地区的芒康县，由云南沿滇藏公路进入西藏，这里就是跨越省界后的第一站（图片来源：《讲述西藏》纪录片）

盐井在历史上是吐蕃通往南诏的要道，也是滇茶运往西藏的必经之路。盐田是"茶马古道"上唯一留存的人工原始晒盐风景线。盐井的制盐历史传说至少已有一千五百多年，至今仍完整保留着世界独一无二的古老制盐术。虽然使用的是相同的卤水源，采用相同的加工技艺，可澜沧江两岸制成的盐却分别呈红、白两色，所含成分也不相同，也为盐井涂抹上神秘的一笔。澜沧江右岸也就是西岸的盐田称为红盐，和左岸的白色盐田相比，这边的盐田规模更大，一块块连接成片，绵延不尽，盐田是红泥砌成，卤水池是碧绿颜色，晒好的盐洁白耀眼，这一片色彩在阳光下搭配，质感而迷人。

盐井的制盐工艺主要包括打卤水、将卤水倒进盐田里晾晒、刮盐和夯打盐田等几个环节（图片来源：《讲述西藏》纪录片）

盐井也是一个在西藏迄今唯一有天主教教堂和信徒的地方。纳西族和藏族的本土文化、纳西族的东巴教、藏族的藏传佛教和19世纪传入的天主教文化，和谐地共存在这个横断山的峡谷古镇里。盐井地处西藏自治区东部，昌都地区东南部，横断山脉、宁静山脉南北贯通，东有金沙江，西有澜沧江，自然资源丰富，现辟有盐井自然保护区。

4. 凝固在香雾中的梵唱——千年藏香村

在雅鲁藏布江中游的北岸,有一座犹如世外桃源般的小村庄。从拉萨出发,沿318国道一路向西,就来到这里——尼木藏香的产地吞巴乡。这是也是藏文创始人、藏香发明者吞弥·桑布扎的故乡。

这里空谷幽幽、清静安逸。潺潺的水声、昼夜不息的藏香水磨,还有那沁人心脾的香味,构成了视觉、听觉、嗅觉的立体风景线。

制作藏香需要选用上好的柏木作为原料,把加工好的柏木段挂在水车上,在水流的带动下不停打磨成香泥。这是制作藏香过程中最重要的工序(图片来源:《讲述西藏》纪录片)

香泥打磨好之后,把木泥做成香砖置于烈日下暴晒,之后用筛子将香砖磨成粉末,加入青藏高原特有的草药,最终配制好的香泥放入牛角制成的工具里,用力一挤,一根藏香就完成了(图片来源:《讲述西藏》纪录片)

尼木的藏香在2008年被列为国家级非物质文化遗产。尼木几乎家家都有制作藏香的作坊或是工匠。随着旅游业的发展，尼木藏香的销售量日益增加，每户人家的收入也有了大幅提高。

尼木藏香的制作整体传承了1300多年前吞弥·桑布扎从天竺带回的配方与水磨香泥的工艺。香多取材自林芝、昌都地区的松柏木，水则就地取雅鲁藏布江支流湍急的流水。制作时，架起水磨将松柏木打磨成粉，配以藏红花、丁香、檀香等名贵药材。这样制作出的藏香，香味独特，有安神静心的功效，不仅可用于供佛，而且还具有杀菌、驱浊、预防感冒、增强睡眠等医疗功效。

5. 世界屋脊的明珠——布达拉宫

布达拉宫，藏族人膜拜的圣殿，藏族人民智慧的结晶。人们称它为世界屋脊的明珠。这座坐落在拉萨市中心西侧的红山上的宫殿，依山势而建，主楼13层，高115米，整个建筑占地面积13万平方米，大小房间2000余间，是中国古代建筑史上的杰作。

布达拉宫——世界屋脊的明珠（图片来源：《讲述西藏》纪录片）

布达拉宫的历史，可以追溯到公元7世纪，距今已有一千三百多年。7世纪初，偏居山南地区的吐蕃王朝崛起。松赞干布继承赞普位后，以其雄才大略进行了一系列部落兼并战争，逐步统一了西藏地方，建立了强盛的吐蕃奴隶制政权，公元633年迁都拉萨（史称逻些）后，松赞干布便同唐王朝缔结姻好。641年文成公主嫁到西藏，松赞干布"乃为公主筑一城以夸后世"，传说当时筑有每边长一里的高大城墙，在红山上修建了999间房子，连同山顶红楼共1000间。建成的王宫，"无比稀有，富丽堂皇"。后来虔诚的佛教徒将其视为观音菩萨第二殊胜地———普陀山，于是布达拉宫一名始出（布达拉为梵语普陀山的发音）。

公元8世纪，赤松德赞时期，布达拉宫遭雷电击毁。后因藏王微松作乱，继而毁于兵燹。松赞干布时期建筑的布达拉宫，仅剩"曲杰竹普"（法王洞）、"帕巴拉康"（超凡佛殿）两处。松赞干布、文成公主和赤尊公主等人物的塑像是当年幸免于难的余存。公元9世纪中叶以后，西藏社会动荡不安，布达拉宫也就变得颓废了。

据藏文史书记载，在公元12世纪时，噶当派格西琼布扎色曾在布达拉山讲经。此后，噶玛噶举派高僧和格鲁派祖师宗喀巴及其弟子都曾先后在布达拉进行讲经传法活动，说明当时山上的建筑只是普通的讲经场而已。1642年，五世达赖喇嘛得到蒙古和硕特首领固始汗的有力支持，建立起噶丹颇章地方政权，拉萨再度成为西藏政治中心。五世达赖执掌政教大权后，即于1645年命第巴·索朗热登重建布达拉宫。1652年，五世达赖去北京觐见清朝顺治皇帝，次年受册封，正式被被确立为西藏地方的政教首领。当他回到拉萨时，白宫已竣工，五世达赖即从哲蚌寺下的噶丹颇章移居布达拉宫。1682年，五世达赖圆寂后，第巴·桑结嘉措便在布达拉宫正中拆毁部分旧房，修建红宫和灵塔。修建红宫时，动用了各种工匠7000多人，耗银213.4万两。康熙皇帝专门派了114名汉族工匠与满族工匠进藏参加建筑工程，尼泊尔也派了工匠援助修建。1693年，红宫基本完工，是年藏历四月二十日，举行了隆重的落成典礼，并在宫前立无字碑以示纪念。

布达拉宫红宫内供奉着释迦牟尼像、松赞干布像、文成公主像和尼泊尔尺尊公主像数千尊，红宫的灵塔殿里供有五世、七世至十三世达赖喇嘛等8座灵塔。（图片来源：《讲述西藏》纪录片）

布达拉宫红宫（图片来源：《讲述西藏》纪录片）

从17世纪中叶至1959年以前，布达拉宫一直作为历代达赖喇嘛生活起居和从事政治活动的场所，是西藏"政教合一"的统治权力的中心。1951年西藏和平解放后，中央政府十分重视对布达拉宫的保护。1961年，国务院将其公布为国家重点文物保护单位，每年都拨专款维修。但是，这座雄伟的宫殿在重建后的300多年间一直没有大修，险情严重。1985年，国务院决定拨巨款对布达拉宫进行大规模的维修，这是中华人民共和国成立以来对古代文物建筑保护投资最大的工程。

国家文物局和中央有关单位先后联合派出六批专家，和西藏的古建筑专家、管理人员共同对布达拉宫进行了详细的实地考察。布达拉宫已有一千三百多年的历史，本身就是不可多得的文物。同时，由于长期作为西藏的政治中心，布达拉宫还储藏了大量与西藏历史紧密相关的文物、文件。这一切使得布达拉宫的维修变得十分复杂。

布达拉宫内文物数量巨大，历史上也没有全面系统的登记造册。

布达拉宫内的文物珍宝（图片来源：《讲述西藏》纪录片）

在维修过程中发现的文物（图片来源：《讲述西藏》纪录片）

在维修工程中，经常需要将文物暂时搬迁，在此过程中，经常又会发现新的文物。于是，管理人员决定对布达拉宫的几十万件文物珍宝开始清点造册。

1994年8月8日，维修工程顺利竣工。这一年，布达拉宫被列为世界文化遗产。2002年，国家调拨专款3亿多元，对布达拉宫、罗布林卡、萨迦寺三大重点文物单位进行维修，布达拉宫二期维修工程拉开序幕。第二次大修是布达拉宫有史以来规模最大、投资最多的维修工程。这两次修缮工程，使得布达拉宫既保持了原有的面貌，又能适应现代需求。布达拉宫以它特有的魅力吸引了无数的朝圣者和海内外游客。

第二章
从中世纪而来的跨越

英国人查尔斯·贝尔在他的《十三世达赖喇嘛传》一书中所言:"当你从欧洲和美洲来到西藏,就会被带回到几百年前,看到一个仍处在封建时代的地方。"

一、讲述：西藏旧制度的记忆

2012年7月，经过近一年时间的整修，帕拉庄园重新开门迎客了。美丽端庄的导游正在热情地为游客讲解这座庄园的历史："这里是全区唯一保存最完整的旧西藏贵族庄园，这里的每一个房间每一根廊柱都有一个故事，这里古老而又神秘，现在咱们看到的这个庄园就是1937年重新建的。"

帕拉庄园（图片来源：《讲述西藏》纪录片）

悠久显赫的贵族家族

帕拉是西藏"帕觉拉康家族"的简称，帕拉家族是一个有400多年历史的古老家族。据考证，帕拉家族的祖先是17世纪初藏巴汗派到不丹管理普拉康寺的喇嘛，17世纪40年代末，帕拉家族的先祖阿香古青因卷入不丹贵族与新兴格鲁派的争斗，失势后逃回西藏，被西藏地方政府封于江孜重孜沙鲁庄园。帕拉家族在此基础上逐步发展并步入西藏大贵族行列。

18世纪80年代末，帕拉家族的帕拉·旦增朗杰曾协助清朝大将福康安抵御廓尔喀人的入侵，并在此过程中显示出出色的军事才能和政治才能，受到清中央政府和西藏地方政府的嘉奖，并受驻藏大臣和林的委派，与中央派遣的官员张治林一道划定了西藏与东尼泊尔及不丹的边界。受益于清中央政府通过福康安制定的《钦定藏内善后章程》，帕拉·旦增朗杰受封噶伦。帕拉·丹增朗杰成为帕拉家族发家史上真正的起点。

从帕拉·丹增朗杰开始，帕拉家族担任孜本、代本、卓尼钦姆，直至噶伦的人数众多，更有先后5人担任过西藏地方政府的噶伦，总管西藏行政事务。在政教合一的旧西藏，帕拉家族有着很大影响。

西藏旧制度的活化石

1904年，英国侵略军烧毁了原在江孜县城附近江嘎村的帕拉家族主庄园。1937年抗英战争结束后，帕拉庄园重建于江孜班觉伦布村。"目前帕拉庄园是西藏保存最完好的一座奴隶主庄园。在这里，人们能感受到旧西藏贵族和农奴两种天壤之别的生活。"

在帕拉庄园开会、宴请权贵的议事厅，陈列着大量的各式各样的绸缎，其中就包含一件珍贵的由金线和孔雀毛编制出来的绸缎，甚至包含一件由印度老鼠皮做的衣服。整个庄园设置了一间豪华的经堂。这些藏品和陈列为我们生动再现了帕拉家族当年的奢华生活。

在庄园对面是当年农奴的住所，这里曾经居住了14户农奴，他们被称为"朗生"。"朗生"，藏语意为"家里养的"。解放前占西藏总人口的5%。他们没有任何生产资料、没有丝毫人身权利，被农奴主视为"会说话的牲畜"。很多朗生生活在牛棚里，没有一寸土地，每天进行着繁重的劳作，没有任何权利。

帕拉庄园里面的奴隶院（图片来源：《讲述西藏》纪录片）

米玛顿珠老人已经 78 岁了，在西藏民主改革以前，他们一家曾是显赫的帕拉家族的"朗生"。当时米玛顿珠的家，是一间不足 6 平方米的屋子，像牢笼般矮小黑暗，当年，米玛顿珠一家四口人就住在这里："我在帕拉庄园做缝纫，我小时候一直受苦，现在幸福的时候到了。" 现在的班久伦布村有 400 多居民，90% 是农奴的后代，人称"朗生村"。

旧西藏的贵族 （图片来源：中国西藏网）

"朗生村"过上了新生活

新中国成立后，朗生烧掉自己的卖身契，象征着西藏农奴时代的结束，朗生翻身当家做主，有了自己的土地和房屋。

10 年前，政府实施安居工程，米玛顿珠老人家得到补助，盖起了这座宽大的新楼房。如今，米玛顿珠一家四世同堂。老人给曾孙女起的名字叫德吉拉姆，意思是幸福的仙女。

今天的班久伦布村，有十多位曾经身为农奴的老人依然健在，他们的年龄都在八十岁上下了,是封建农奴制度生活的亲历者,当年,这些老人从帕拉庄园"奴隶院"走出来,建立了自己的家园,如今他们在村里过着幸福的晚年生活。

帕拉庄园记载着班久伦布村人的苦难历史,米玛顿珠和村里的一些老人见证了庄园的繁华与没落,这里有他们痛苦的回忆。然而,老人们却不曾想到,庄园的历史文化将会给村里带来财富。每天都有远道而来的客人,村口道路上的旅游大客车越来越多。

江孜县江热乡乡长边罗面带喜悦地告诉我们:来这里的游客,最多的时候可能有二十多辆。

老人们曾是庄园里的农奴(图片来源:《讲述西藏》纪录片)

村民达罗看到了这个机会,他的宅院紧邻帕拉庄园。达罗盖起了一座两层楼房,他想在新房里开办一家藏家乐,让来帕拉庄园的游客享受到原汁原味的西藏特色的民居和美食。

每天帕拉庄园都要迎来大量的游客,达罗的藏家乐会给他带来丰厚的收益。"夏季的时候还要搭帐篷,帐篷里面该有的设备都有,就准备酥油茶还有甜茶，游客来了以后就是奶茶还有糌粑这些不收钱，都是免费的。"

参与帕拉庄园旅游资源开发的不仅仅是达罗一家，庄园附近早就开起了不少商店，除了饮水小吃、日常用品，游客更为青睐的是藏族工艺品。

看准了市场，村里的能工巧匠也就有了用武之地，这些手工织造的氆氇供不应求，他们接到的订单很多，也吸引了不少外乡人来这里打工。

这里的人们热情好客，发展旅游业改变了村里的面貌，班久伦布村成了"新农村建设文明示范村"。逐步富裕起来的村民开始注重改善生活、改善居住条件。人们惊奇地发现，帕拉庄园旁边几家农户的新居比那个帕拉庄园盖的还要好。

村里还计划扩建一个养鱼池，多开设几家家庭旅馆，把帕拉庄园旅游与藏家休闲娱乐结合起来，全方位展示藏民族生产、生活、婚姻等民族风情。不久的将来，游客就可以坐着藏式马车，从江孜县城到帕拉庄园观光游览了。

帕拉庄园曾经的"荣耀"早已随着那个时代一去不复返了，现在，它每天都在默默地见证着班久伦布村的巨大变迁。

二、故事：两个曾经对立阶层的现代生活

1959年，发生在雪域西藏的一场变革，让那个曾经被称为如同中世纪的欧洲一般黑暗的地方，开始了一次举世瞩目的历史变迁。这场变革，改变了每一位高原人的命运。贵族与农奴，这两个共生共存的阶层，在新的时代背景下，开始了一场新的生活，共同谱写了一个崭新的纪元。

1. 昔日贵族帕拉·罗布次仁的晚年生活

沿着日喀则江孜县的县城出来不一会，就可以看到路边有块一人多高的大石头，上面写着"帕拉庄园"，这个西藏保存最完整的贵族庄园已经被湮没在一片"新农村"的安居房中。罗布次仁也生活在这片安居房里，他家盖这栋房子花了20多万元，政府支持12000元。罗布次仁的大哥定居在美国，他的姐姐退休后生活在日喀则市。

他是最后一代庄园主扎西旺久的儿子（图片来源：《讲述西藏》纪录片）

罗布次仁已经当了20多年的政协委员，作为日喀则地区和江孜县的老政协委员，他已经提过不少议案，内容涉及农村道路、桥梁建设、农资产品质量问题等，罗布次仁说："基本上都解决了"。他用一句话概括了人民政协的优点，就是"倾听群众呼声，解决群众困难"。

62岁的罗布次仁有两个孩子，一个在当司机，另一个在江孜城里当裁缝。罗布次仁老两口现在和小孙子住在农村的家里，闲来没事的时候，罗布次仁也偶尔带游客到从前的帕拉庄园转转。庄园的展示厅里展示着用牛皮包裹的精美木箱，牛皮上压出的图案极其结实漂亮，罗布次仁说这样

昔日贵族帕拉·扎西旺久（图片来源：中国西藏网）

的木箱既能防火，又能防水，非常实用。

如今，走出"庄园"大院的罗布次仁还是江孜县的"养牛专业户"、"江孜县农牧民旅游示范户"，老两口的生产生活就是围绕着这两个产业展开。罗布次仁告诉我们："来旅游的有不少外国人，但最多的还是国内的客人。尤其是这几年国内客人增加很快，有的每年都来一次，去年我光旅游这块就赚了4000多元。"他的家里还保存着很多国内外游客寄来的信件、明信片和照片。

翻开尘封的历史典籍，我们得知帕拉家的土地原来在江孜的重孜。这个新兴的权贵死后只有一个女儿，通过入赘，从其他小贵族家获得男性继承人。第一个被正式记载的帕拉家的人，是帕拉·丹增朗杰。清乾隆年间，他因为军功而成为噶伦，随后开始像许多成熟贵族家族那样扩展自己的土地和庄园。18世纪80年代前后，丹增朗杰将主要的封地迁到江孜城东的江嘎，并修建了一个规模巨大的庄园"岗居苏康"。1936年，帕拉家的二少爷扎西旺久从拉萨回到江孜，主持建造现在的庄园。在贵族圈子里，扎西旺久也许是个特殊的人。罗布次仁回忆说，父亲虽然生来就是四品官，但他好像不感兴趣，很多年都没有像他的兄弟一样从政。他记得父亲在庄园里办了一所小型的私塾，"我上学时带的零食有印度饼干、拉萨薄饼、米花糖以及本地产的甜奶渣"。他们可以和父亲一起吃午餐和晚餐，过年过节时，饭桌上甚至有印度运来的海鲜和洋酒。"兄弟姐妹中我最小，听说只有我敢叫他爸啦"。

1986年后，罗布次仁搬出了这个堆叠着复杂情感的庄园。庄园里已经盖不下又大又舒服的楼房了。在庄园围墙外不到10米的地方，他盖起了现在的这幢二层楼，邻居就是帕拉家族原来的农奴们。"大家的生活都差不多，不用为你长我短的事情担心。"

今天的罗布次仁在江孜县过着受人尊敬的晚年生活。记者因为采访，需要在罗布次仁的名字前冠上了"帕拉"两个字，其实，罗布次仁自己不用这个名字已经很多年了。他乐呵呵地说，"我就是江孜的罗布次仁，农民罗布次仁，叫我帕拉·罗布次仁的，只有那些老辈人。政协委员的名单上是这样写的：帕拉·罗布次仁。其实，我就是一个普普通通的后藏农民，靠国家的好政策过上了富裕的日子。"

昔日贵族帕拉次仁的晚年生活（图片来源：中国西藏网）

2. 擦绒·平措坚村：从旧贵族到现代劳动者

序言：发轫于20世纪初叶的西藏上层青少年赴海外留学热，是中国近代声势浩大的留学运动中颇具特色的一个分支。今天，他们中的年长者如扎西次仁等已经83岁高龄，最小的乃堆·晋美等也是70多岁的老人了。当年，张经武、阴法唐等中央和地方军政领导积极宣传《共同纲领》和《十七条协议》，特别是对贵族和留学生最多的江孜和拉萨地区影响很大，很多学生被从印度接回西藏，送到北京等地继续接受现代教育。

我没有想到的是，虽然他们今天已是耄耋老人，但他们没有一个躺在床上度日子的，更没有那个年龄段老人所不可避免的龙钟之态，没有人是等在那里消耗时光，仍以积极饱满的态度拓展人生的多种可能。

我们在西藏自治区政协第二退休基地找到今年77岁的擦绒·平措坚村先生。进门时我闻到院子里有一股混合了不同建筑材质的"工地味"——他和老伴正在忙着装修房子。凌乱的厨房饭桌上摊开着一本看了一半的英文版《今日中国》杂志，看来阅读英文已然是老人的日常习惯。

我们坐在一起聊天。老人在我带去的一张60年前的留学生合影上仔细辨认，讲述起很多我所不了解的事情。

后排站立者为擦绒·平措坚村（图片来源：中国西藏网）

"据说，那些在国外生活的同学，有的人非常拮据。我所知道的一个大姐，为了谋生，七老八十了还在给别人跑腿。是共产党给了我们机会，让我们现在的生活无忧无虑，我觉得这个很了不起，打心眼儿里感到高兴。旧贵族就应该改造，不参与劳动改造和思想改造，还带着过去的傲慢之气，衣来伸手、饭来张口,过那种奢靡的寄生虫的生活,非常不好,我是真心实意这么想的。"

在印度的学校里,擦绒·平措坚村学习了6年,学过乐器、绘画和踢足球。到北京后,他是中央民族学院足球队的运动员,经常跟北京大学、苏联大使馆搞比赛和联谊活动。"后来在扎其第一监狱,领导看我的表现,非常照顾我,让我跟汉族师傅学了很多实用技术,缝纫呀、泥瓦活呀都会干,真正成了自食其力的劳动者。"

擦绒·平措坚村的精力主要集中在英语上,读了很多外文书,从中源源不断地汲取养分。"现在我天天看英文书,以前看《北京周报》,现在经常买《今日中国》英文版。西藏著名学者恰白·次旦平措先生出了一本很厚的书,我看到了这本书的英译本。我把其中自己感兴趣的近代史部分大概看了看,恰白先生的原著自不消说,英译本的翻译质量也非常好,一看就知道翻译家的水平很高。但是在英语语法上有些微不足道的瑕疵,因为英语的语法是相当复杂的,一般现在时、不定时、现在时、过去时、未来时等等,留学生教育对语法基础要求很高,又是外国人教的,所以哪怕眼高手低,我还能看出一点点门道,我就把这些讲给想学英文的人,大家一起探讨,就不是空对空的理论,很实际。因为这是付出很大代价的一个成果,所以我很珍惜我的英文知识,尽其所能把它利用起来。"

"你说为什么父母要把我们送到国外学习,原因并不复杂。抗日战争时期,由于滇缅公路被日本人切断,拉萨成为抗日物资大后方之一。著名的茶马古道上,每天有络绎不绝的人流和物流源源不断把抗战物资送往丽江和雅安,洋货和洋玩意很容易在拉萨找到,西方的生活方式和文化对我们并不陌生。1944年,拉萨仲吉林卡创办了英语学校,我原来就是英语学校的学生,脖子上挂一支铅笔,被用人领着,经过噶玛厦林卡——经常能听到噶玛厦跳神法会时各种稀奇古怪的声响——去仲吉林卡上学。英语学校破产后,在家庭条件允许的情况下,父母决定把我送往国外留学。"

擦绒·平措坚村说,那个年代去国外留学是非常辛苦的一件事情。"我们小时候骑着骡子去印度上学,从拉萨到锡金走上十几天路。我们年龄小(我当时是8岁),父母把一切事情全权委托给管家、用人和马夫处理。我们骑马,他们哪怕有病,身体不舒服也只能牵着马一瘸一拐地前行。我们第一次去印度是气候最严寒的冬季，路上的条件很差，吃的只有糌粑、酥油、面饼、奶渣，从聂当、曲水、甘巴拉、白地、达隆、浪卡子、卡若拉、江孜、康马、堆纳、亚东就那么走的，过江孜后我们晚上进驻英国人建立的邮差房'札绑拉'，那里条件稍好。

贵族们无偿地享用着农奴们创造的财富（图片来源：《讲述西藏》纪录片）

但路上天气太冷，一会儿是风，一会儿是雨，一会儿是暴风雪，管家和用人给我们准备一种特质的面具，把整个头脸包裹起来，穿上皮衣，戴上手套和防雪盲的护目镜，簇拥着我们走。过那堆拉山口最辛苦，大山被大雪包得严严实实，行人稀少，白茫茫一片中夹杂着鬼哭似的尖厉风声，根本看不清路，他们说曾经有人和骡马被暴风雪卷走的事情发生。人和马一步一步摸索着前进，但在那样的白毛雪天里用人和骡夫们还是那种毫无畏惧的气概，越是困难他们越是哼着山歌，唱着小调阔步前进，底层普通劳动者的性格亦然！

由于所处阶层不同，我感觉到人的生命力竟是如此的顽强和伟大。就在那样的天气里，我看到了翻山的不丹人，肩头上挂着一双极其沉重，几乎要压垮身体的褡裢，赤着脚，迈着粗壮的小腿，谈笑风生地过雪山垭口，一时把我都看呆了。跟他们比起来，我那个能叫吃苦吗？这一切都会给我们的心灵以极大的震撼和冲击。

到锡金首都甘托克以后,就有汽车,路就好走了。我们轻松了,用人们从这里把马牵回西藏,他们还要过一次鬼门关。当时就是这样的社会制度,我们觉得使唤这些卑贱的'下人'理所当然,用人和骡夫们好像也觉得这就是他们的命,服侍少爷小姐理所当然,挂着谦卑顺从的笑容,诺诺有声。这是当时真实的情况。

西藏贵族擦绒家族曾经的府邸邦达仓大院 （图片来源：中国西藏网）

到了学校,我们发现圣约瑟各方面的条件很好,是整个那一片地区最好的学校,学生来自世界各地,欧洲的、缅甸的,国内有来港粤的汉族同胞。学校的伙食、住宿条件都好,夏天带我们郊游。日常管理、卫生工作管得很严很细,而且非常规范。我们西藏的家长现在都有这样的习惯——喜欢给在外地上学的孩子邮寄各种东西,什么生肉干、糌粑、酥油、奶渣、青稞酒干,我们也经常收到父母千里迢迢寄来这样的东西。但学校根本不让我们接触这些东西,说的严重一点避之唯恐不及,看也不让看就被管理员扔得远远的。

没有别的，就是为了我们的健康。我这几天装修房子，喜欢跟这些汉族师傅聊，练练汉语口语，一说风干肉，他也是使劲摇头说这个东西要不得呀，什么胆固醇，什么陈旧性动物脂肪，什么高血压，什么食品卫生，说得头头是道。我一想，唉，生活在高原的汉族同胞都这么说，当年老师做得对，他是在尽自己的职责。

"西藏和平解放以后父母就把我们叫回去，大部分送到北京上学。我在中央民院学习了两年。当时的很多留学生——才旺斯塔、乃堆·晋美、阿沛·图道啦（图道多吉）、阿沛·格桑啦（格桑仁青）、桑颇·才旺桑培，我们又一起相聚在首都北京。

"我是1979年获特赦，当时的政策是原西藏噶厦小四品以上的官员集中在区三所，五品以下的官员安排在拉萨市政协。我被分派到西藏自治区政协工作。那年政协由拉敏·索朗伦珠副主席负责在八廓林廓南街夏扎大院旁边的次巴拉康聘请两位外国老师，举办过为期一年的英语培训班，招生很有特色，拉萨三大寺各出两名僧人，还有大昭寺的，还有一部分是从社会上招的，老师早上教学，下午由我负责辅导，把老师早上教的再给他们温习一遍，很有效果。大昭寺的尼玛次仁和西藏早期的不少导游和饭店从业人员就是这样培养起来的。我的英语也就这样慢慢捡起来。现在就是看看英文书，寒暑假给周边人家的小孩开办藏文课，我的生活仍然很充实。"

3. 从农奴到演员：旺堆的传奇人生

农奴出身的旺堆有着传奇的一生（图片来源：《讲述西藏》纪录片）

今年 81 岁的旺堆老人，有着传奇的人生。农奴出身的旺堆，在人生中经历了三次逃亡，最终，变革时代的命运，将他送上了演艺事业的道路。他成为国家一级演员，退休前的职务，是西藏话剧团团长。

老人一生跌宕起伏的命运，正是西藏近百年沧桑巨变的一个历史缩影。

旺堆老人：这是我的照片，你们看。

旧西藏妇女和儿童流落街头乞讨为生 （图片来源：中国西藏网）

旺堆老人现在住在拉萨市郊的一座有着两层楼房的小院内，在这里，他拿出珍藏的影集，为我们讲述了自己一生的传奇经历。时光倒流 81 年，在山南地区贡嘎县的一个农奴家庭里，小旺堆出生了。他的父母都在一座寺庙庄园里当差巴，生活极为贫苦。在他八岁那年，小旺堆开始开始经历他人生中的第一次逃亡。

旺堆：有一次，大约三四个人来了，把我们的羊赶走了，过了几天又来了几个人，把牛牵走了，我就问，为什么人家把我们的牛和羊都带走了，他们说，我们欠了别人的债，交不起租，他们就抓他们的父母抓到庄园主的驻地，鞭打他。

在西藏，农奴破产后，就被下降为奴隶，一旦成为奴隶，他们的生命也会成为农奴主的私有财产。为了避免成为奴隶的悲惨命运，旺堆的父母只好选择了逃亡。

"父亲和母亲带着我和弟弟,就半夜里逃跑了,那时候隆冬季节,白天不敢走,怕人家看见我们跑了,就只能在夜里跑,跑呀跑,哎呀,跑得很累呀。"

农奴一出生就隶属于农奴主。图为农奴抱着新生儿来农奴主家登记,并缴纳人头税(图片来源:中国西藏网)

经过一年的逃亡躲藏,旺堆跟着母亲再次到一家庄园里当农奴,父亲则带着弟弟到了另一个庄园。除了要饭,继续当农奴,几乎就是当时唯一的选择。

"妈妈就是给他们做饭、打水、挤牛奶、打酥油茶,反正就是当佣人。我在那儿给他们放牛。"

按照当年的制度,农奴的小孩长到十三岁就要重新登记成为庄园主新的农奴,旺堆也没有逃脱成为小农奴的命运。

"把我带走了,带到那儿去当农奴了。那时候没办法的,那个制度是一个那样残酷的。当农奴之后,刚开始给他们放马。"

每天放马、上山砍柴、下地干农活,这样的日子持续了一年。

一天,旺堆的母亲病倒了。"母亲病了,我没请假就待在母亲那儿,当时那个地方没有医生,啥也没有,只有靠跳神的。有一个跳神的老太婆,住在一个很高的山洞里,在那里打坐,我去请她,请她到家的时候母亲已经死了,第二天就送葬了。"

旺堆与母亲的感情最深。母亲去世后,旺堆感觉无依无靠,每天在极度

"我在那儿给他们放牛"（图片来源：《讲述西藏》纪录片）

饥饿中从事着无休止的繁重劳动，让他再次萌生了逃亡的念头。

这次，他逃到寺庙当喇嘛。

这里就是旺堆要选择逃亡的去处——色拉寺。旧西藏，政教合一，寺庙的地位很高，按当时不成文的规定，农奴跑到寺庙当了喇嘛，庄园主将无权再将他追回。

铁棒喇嘛及其侍从（图片来源：中国西藏网）

"使劲往色拉寺里面跑,跑呀跑呀。来的时候那个山上面已经看好了,路在哪儿,拉萨在什么地方,到色拉寺往哪儿走,我就使劲跑呀,不停地跑,一个劲回头看有没有人抓我,心里很担心的。"

逃亡是有很大风险的,一旦被抓回来,下场会极为悲惨。

"不打死你也得把你打得够呛。"

但让旺堆没有想到的是,寺庙中也是等级林立。同样是僧人,寺庙中会有一个特殊的贫苦喇嘛阶层。小旺堆就这样成了一个仆人性质的喇嘛。

"哎呀,冬天冷得很那个里面,擦地呀,把房梁都擦了,我都够不着。不能在垫子上坐,不能在地上坐,你只能经常站着。你茶水倒多了,他说倒这么多,上来就给耳光,倒少了又'啪啪',整天就是挨打。"

这样的日子过了两年,当上喇嘛也丝毫没有改变屈辱和被奴役的命运,旺堆又开始了他的第三次逃亡。

位于拉萨郊外的哲蚌寺(图片来源:《讲述西藏》纪录片)

这里是旺堆第三次逃亡的去处,位于拉萨郊外的哲蚌寺。这一次,旺堆比较幸运,他遇到了一位善良的贫苦喇嘛。旺堆拜他为师,"一个贫苦喇嘛,一个字都不认识,反正他吃什么就给我吃什么。秋收季节他带我一起去打工去,到农家给他们割麦子。干三个月,三个月以后,他能挣5斗青稞,我也能挣5

斗青稞。"

一次又一次的逃亡，一次又一次的希望摆脱贫苦而被奴役的生活。现在终于遇到了一位善良的师傅，看起来，旺堆的命运似乎也就是这样了。在这座寺庙里，终其一生，当一个贫苦喇嘛。但是，一个急剧变革的时代即将到来，旺堆的命运轨迹也将再一次改变。

西藏和平解放（图片来源：《讲述西藏》纪录片）

1951年，西藏和平解放，渐渐地，很多开荒种地的帐篷就搭到了哲蚌寺山下。

"看他（解放军）是什么样子，什么人呀？因为我过去在拉萨八廓街里见过英国人嘛，绿眼睛、黄头发，耳朵里面长着白毛的。（解放军）是不是那样的人啊？我好奇，就来看了，来了以后也不是，长相跟藏族没什么区别，穿戴不一样，说话听不懂。"

经过几年时间的接触了解，陌生感慢慢消除了。旺堆发现，周围的很多人都到部队里帮忙，还议论说，部队里的人态度很好，而且可以领到优厚的工钱。既然在寺庙里生活如此贫苦，每年还要为了口粮到乡下打工，不如就到部队里去试试。

"我就说了，我是怎么跑过来的，我是当农奴的，后来当喇嘛，喇嘛当

解放军进藏之后开垦荒地（图片来源：《讲述西藏》纪录片）

不下去了，到你们这儿来打工来了，活不下去了。"

就这样，旺堆脱下僧袍，成为七一农场的一名农工。"到农场以后让我赶马车。"

从七一农场的一名马车夫开始，旺堆的命运开始真正迎来转机。1958年，旺堆被选送到位于陕西的西藏公学学习，不久，西藏歌舞团在西安招生，毫无心理准备的旺堆竟幸运入选。

"我既不会唱歌，又不会跳舞，你们叫我干什么呢？他想了半天，'那你喊一个，你的同学站到远处，你喊一个叫他回来。'那好办，我就使劲放声叫他名字：'巴桑，你回来。'他说好。"

或许是因为丰富的人生经历，再加上有良好的外形条件，一心想参军的旺堆，成了一名歌舞团演员。

几个月后，西藏民主改革，自治区选送29名藏族青年到上海戏剧学院学习，旺堆再次幸运入选。而这29名青年，就是日后西藏表演艺术的第一支科班队伍。

"学校里面一开始上课，大家都坐下来，坐下来老师就讲，你把帽子脱了，脱了以后呢，这个帽子里头有酒，你们喝吧。你们一个一个喝吧，这个就好

一心想参军的旺堆成了一名歌舞团演员（图片来源：《讲述西藏》纪录片）

不好。"

"大家都在一个一个轮着喝，反正不同的表情吧。我心里想，这个帽子里头有酒，这什么啊。"

因为不理解艺术院校的教学模式，一心期望学习文化知识的旺堆，一度产生了退学的念头。但是随着各类课程的深入，旺堆逐渐体会到了表演的乐趣。正是这些最基础的练习，成了他日后表演生涯的起点。

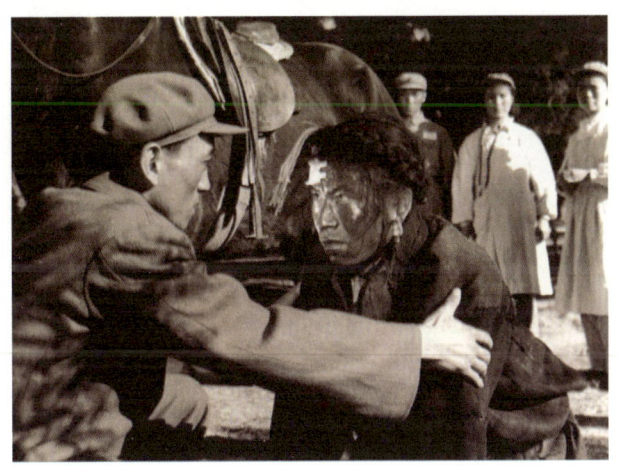

电影《农奴》画面（图片来源：网络）

"现在看来,前面那些小孩子玩的东西,正是表演的基本元素。那个时候不知道,老师没跟我们讲。现在看来是很重要的表演的基本元素,老师给我们教基本元素了。"

三年的学业即将结束,29名藏族演员排练了毕业剧目《文成公主》,由田汉撰写的《文成公主》在上海汇报演出后引起了很大反响。1962年,周恩来总理邀请毕业班到北京演出。

"周总理对我们说,你们是高原上的花朵,在高原上生根、开花、结果。他是这么指示我们的,因为西藏从来没有话剧,我们就是西藏话剧的种子。"

《文成公主》的排演结束后,藏族演员们又获得了拍摄电影《农奴》的机会,这次拍摄,成就了旺堆演艺生涯的一个高峰。

1963年拍摄的电影《农奴》轰动一时,电影中的这首主题曲传唱至今,当年很多人就是通过这场电影了解西藏的农奴制度和农奴们的悲惨命运。旺堆在电影中饰演的主人公强巴,成为了新中国电影史上的经典。

正是因为与主人公有着相似的人生经历,旺堆塑造的农奴形象深入人心,农奴旺堆就此成为了一名著名演员。

旺堆一家,中为旺堆(图片来源:网络)

"我自己当过农奴,也逃跑过,也当过喇嘛,这个地方有点相似。所以说,当时演农奴的时候,农奴的心理,在那样一个社会底下心理的状况是什么样的,心情是什么样的,这个我有体会,我有很厚实的生活底子。"

电影拍摄结束后,29名藏族班的学员,组建了西藏自治区话剧团,这门高原上崭新的艺术,就此开始了半个世纪的旅程。

50多年来,有五批西藏班学员回到话剧团,他们创作演出了近200部作品,囊括了中国话剧界所有的重要奖项。为了更贴近基层观众,他们创作了一百多部小品,每年到农村、牧场演出近百场。更难能可贵的是,话剧团在结合西藏传统文化上,做出了重要的探索。

他们创作演出了近200部作品(图片来源《讲述西藏》纪录片)

目前,年迈的旺堆老人还会经常回话剧团去看看,这是他一生为之自豪的事业。演员们排练新剧目,他会坐在台下当一名特殊的观众。

西藏话剧团现任团长洛丹对我们讲:"可以说大旺堆老师一到团里,他们都叫他巴巴,巴巴就是爸爸的意思。几十年过去以后,为什么叫爸爸,可能是一个是年龄,一个是对他艺术成就的尊重,所以从这个方面对他尊称是爸爸。"

安度晚年的旺堆老人,更多的时间都是待在家里,陪伴老伴,照顾孙子。

回忆起往事，老人不胜感慨，他说我这一生不断的逃亡，简单说来，其实就是在寻找更好的生活。

4. 农奴后代：承载厚望的西藏未来

"老师，我被兰州大学录取了，现在读工商管理专业。"

至今我仍可以感受到电话那头洋溢着的喜悦之情。春天来了，我浮现出那位在春暖花开、春风拂面的季节里，甩动着辫子跑步于兰州大学校园内的藏族学生——索朗的形象。在藏语中，索朗的意思是有福气。

她给我的印象太深了……

有福气的索朗在高中入党，当选校团委副书记，荣获"北京市三好学生"称号，在人民大会堂参加百万农奴解放纪念日座谈会……

索朗常说：西藏的天空是蓝的。笑容中永远带着一副可爱的表情，明眸中流露着向往的神情。

她家在日喀则一个偏远的山村，爷爷是旧西藏的农奴，受尽凌辱，家里世代没有人识字，三餐都吃不饱，更别说教育了，尤其女孩子更难了。西藏解放后，家里人对有知识的人总是很崇拜，也期盼自己家里也有个懂文化的。

农奴翻身（图片来源：中国西藏网）

幸运之神眷顾了索朗，虽然家里的经济状况不是很好，但是她以优异的成绩考到内地西藏班就读，从初中到高中，一直享受国家教育优惠政策。国家对在北京上学的西藏班（校）学生给予每个月一定的生活补助；同时学校对困难学生适当减免学费；加上热心人士的捐款，帮助他们顺利渡过难关。

她远离家人，异地求学，但她执着、顽强。积极乐观的她，生活独立，求学三年没有回过家，从不叫苦。在她身上只有勤俭节约，朴素简约，从不乱花钱。同学们都把她当作贴心朋友，因为从她那里总能得到热心的帮助。

她很珍惜这来之不易的学习生活。不断地磨砺自我，相信天道酬勤。

"态度决定一切。"从不服输，勤学好问，这是索朗给我们最好的答案。

清晨，她第一个进教室学习。

中午，她坚持在教室把作业完成后才去吃饭。

晚上，教室熄灯了，她才恋恋不舍地离开。

她是个很有主见的女孩，勇敢、坚毅。

3·14事件后，索朗主动站出来，给同学们宣传政策，稳定情绪。学校承担了《我国民族政策在西藏自治区的落实》公开课，她采访校长，录制成视频，在课上配合老师，给同学讲解办好内地西藏班（校）的意义，强调西藏是祖国不可分割的一部分，在党的领导下，西藏的各项事业飞速发展。很多同学深受启发。那堂课因为讲授及时、效果明显，获得北京市教学设计比赛二等奖。

她是个朝气蓬勃的女孩，激情，富有创造力。

学校参加北京市民族团结教育示范校的评选活动，当专家莅临学校听课，她拿出一份报纸请专家传阅。那份报纸刊登了我校学生参加朝阳区小关街道办事处有关民族团结活动的相片。专家既佩服学校在民族团结教育工作上的扎实有效工作，也赞叹她的勇气和创意。

因为表现优秀，索朗在高中期间光荣地加入中国共产党，荣获"北京市三好学生"称号，学校重要活动都有她迷人的风采，各种荣誉纷至沓来。

对此，她很感恩，依旧谦逊，时常回想起那首动听的歌曲：唱支山歌给党听，我把党来比母亲。

爷爷因为是农奴，命比纸薄，谈何接受教育；翻身了，生命得到了尊重，对知识的渴望与日俱增。而今索朗上了大学，完成了上辈的愿望。

不负众望的农奴后代。

是啊,农奴的后代今非昔比。

从民主改革以来,很多农奴通过受教育改变了命运,如著名的歌唱家才旦卓玛、原全国人大常委会副委员长热地等;很多农奴的后代享受到国家的民族政策,到内地求学,改变了命运,如曾经到昆明陆军军官学校上学的江勇西饶,他爷爷曾经被农奴主害死,现在他已经成为全军爱武精兵、全国人大代表;还有像索朗这样的正在大学里深造的一大批西藏学子,他们享受到内地西藏班(校)阳光政策,憧憬着个人的梦想,肩负着西藏未来建设的重担,必是西藏建设的栋梁之才。

索朗又从兰州打来电话,她申请了国家助学贷款,她对四年的学习做了规划,还打算读研究生,她依旧勤奋,她明白学如逆水行舟,不进则退,上学期她的各科成绩都是优。现在,她每天都会漫步于校园,遨游于书海,畅想着西藏和自己的未来,觉得很愉快。

我心头一热,不由得回想起她三年来的学习、生活状况,再次回想起那首对联:宝剑锋从磨砺出,梅花香自苦寒来。还记得在毕业时,我与她们班级同学一起情绪高昂,激情澎湃地唱起《爱拼才会赢》、《咱们西藏》等歌曲。有志者,事竟成!此时,春意盎然,她承载着父辈们的寄托,带着建设西藏的梦想,架构起内地和西藏的桥梁,希望她的未来像藏文名字所赋予的吉祥含义那样:幸福伴随,福气长存。祝愿她在人生的道路上越走越宽!

又见清晨,一轮红日喷薄而出,旭日升空,光芒四射,朝霞映红了天空。校园内,步履匆匆,书声琅琅,那是索朗的学弟学妹们在激扬青春的梦想,意气风发,展望着魅力的人生。

民主改革给西藏农奴带来新生,翻身的农奴告别了痛苦的经历,感受到现在有福气的生活,更加深切地期待着西藏的和谐未来,父辈的厚望在后代身上承载延续。

"风声、雨声、读书声,声声入耳;家事、国事、天下事,事事关心。"西藏的学子正在用知识改变命运,用才华建设美丽的西藏。

人生因梦想而伟大,西藏学子,祝福你们!

三、编辑视点：西藏的"废奴运动"

从世界范围来看，废除奴隶制和封建农奴制是最激动人心的伟大运动之一。早在1807年3月，最早实现工业革命的英国就将在英帝国境内贩奴定为非法；1833年8月更宣布英国殖民地的奴隶制是非法的。法国第一共和国在1794年2月正式宣布"废奴"；第二共和国又在1848年4月再一次废除奴隶制……

历史上最著名的废奴事件无疑是俄国沙皇亚历山大二世签署了关于废除农奴制的宣言和美国林肯发表《解放宣言》。19世纪，在世界上大多数国家和地区，农奴制已经成为历史。

然而，废除"废奴"历程充满了悲壮和牺牲。反动势力从来没有停止对农奴及其解放农奴与追求种族平等倡导者的绞杀。1865年4月16日，领导美国黑奴解放运动的亚伯拉罕·林肯总统遇刺身亡，一百年后的1968年4月4日，追求种族平等的黑人运动领袖马丁·路德·金遇刺。

1966年11月9日，第二十一届联合国大会通过一项决议，把每年3月21日定为"国际消除种族歧视日"。

中国的西藏地方政教合一的封建农奴制却一直持续到1959年才被消灭。

在这个时代他们成为朋友（图片来源：《讲述西藏》纪录片）

1959年前的西藏流传着这样一首民歌:"山上有没主的野兽,山下没有没主的人。"现代人类学家梅尔文·C.、戈尔茨坦、辛西娅·M.比尔通过实地研究,在他们的《今日西藏牧民——美国人眼中的西藏》一文中指出:"西藏的制度通过把劳动力配置在这些领地上使领主大获其便……从本质上看,给予领主的领地与中世纪欧洲、沙俄和封建日本时代的采邑非常相似。"这就把旧西藏的社会性质确定得十分准确了。

为了改变这种状态,西藏地区也曾出现过三次自上而下要求改革的浪潮。分别在清朝乾隆年间、清朝末年和民国时期。但因为阻力巨大,终遭失败。

从根本上改变这种非人道社会的革命性事件,便是1959年的平息叛乱和民主改革。走向衰亡的农奴制是人类历史上黑暗的一页,它摧残人性,剥夺人权,钳制人们的思想,它是人类永远不能再翻回的一页。而发生在半个世纪之前的西藏百万农奴翻身解放事件,是20世纪中国乃至整个人类"废奴"史上最伟大和最具有划时代意义的伟大事件之一,值得永远纪念。

四、背景知识:西藏的贵族

1938年德国人塞弗尔拍的西藏贵族夫人(图片来源:网络)

历史上,西藏的贵族其主要来源分为四类。第一类贵族称为"亚溪",他们是历辈达赖喇嘛的家族成员,也是西藏最大的贵族阶层。第二类贵族称为"第本",这些家族的祖先曾立过功劳或者是名门望族的后代,排在大贵族行列。第三类贵族称为"格巴",这类贵族出自名门,有的出自权贵,家庭中曾经有人担任过地方政府的噶伦职位。最后就是一般的小贵族阶层。他们是在地方政府中有一定品级的家族。

拉萨是西藏地区的权力中心,是西藏地方政府各类机构的所在地,因而大量世俗贵族家族不但在其领地建有庄园,同时在拉萨也拥有各自的府邸。那些在各自领地建立的建筑群通常称为"豁卡"(庄园),而在拉萨的府邸则被称为"森厦"。拉萨的这些贵族府邸不但是贵族家庭生活的空间,同时也是他们之间社交的重要场所,有的贵族府邸甚至还是担任了官职的贵族办公的地方。

西藏有句谚语:"头人的女儿永远是头人的女儿,恰巴的儿子永远是恰巴的儿子。"旧的体制下,西藏几百年甚至是上千年处在一个"凝固"的社

昔日农奴(图片来源:网络)

会状态。但也有少数人原本只是平民，后来因为得到达赖喇嘛的宠幸而被升为贵族，十三世达赖的一个卫兵就是由于救过达赖的命后来被达赖提升为大贵族。当然也有本来是贵族，后来因为得罪了达赖或犯了罪而被剥去贵族头衔的。

西藏贵族之间很多都有亲戚关系，但这并不妨碍他们之间的钩心斗角，时常为了权力与财富斗得你死我活。这些贵族又都是佛教徒，很多是大活佛。对他们来说学佛是必需的，他们当中很多都进入三大寺，经过学习五部大论，考格西的过程。因为西藏的人没有不信佛的，佛教在西藏的地位是至高无上的，西藏的文化就是佛教文化。西藏的贵族当中也有真心学佛，得到大成就者，这些活佛很受人们的敬仰，但他们并没有权力。

西藏的贵族以四大活佛为首，他们是，功德林、慈埋林、策觉林和丹吉林，此外还有热振林。丹吉林活佛在十三世达赖喇嘛与清朝政府冲突中帮助了汉人，结果达赖率军打回拉萨以后便遭到了清算，活佛遭处决，整个庙子被毁为平地。这以后便只剩下了四大林。四大林都是大活佛，已经转世了许多代，都曾受过清朝皇帝的册封，他们当中有的出任过摄政王，有的甚至出过达赖转世。

1951年西藏和平解放后，旧贵族并没有马上放弃之前的生活方式，只是，维护旧贵族的社会基础在逐步瓦解，1959年西藏上层反动势力发动叛乱时，支持反叛的贵族叛离西藏。留下来的贵族接受人民的改造，开始成为新西藏的公民。他们的子孙在巨变中开始了凡俗人生。

第三章
西藏百姓的生与活

他们生长在这片离天最近的厚土,伴随着虔诚的信仰,却同样面临着普罗大众共有的衣食住行……

一、讲述：雪域高原的民生

农牧民的医疗保障——西藏基层医疗的发展

2012年的一天，拉萨市城关区蔡公堂村村民洛布央金突然感到腹部疼痛。经过医生诊断，她得了胆结石，需要立即到大医院做手术。而此时，洛布央金的丈夫正因为严重的高血压住院治疗，家里一下子有了两个病人。

在过去，这种遭遇会让洛布央金一家就此陷入贫困，而高额的医疗费用也可能会让她放弃治疗。

在西藏广袤的农牧区几乎没有一所像样的医疗机构（图片来源：《讲述西藏》纪录片）

在旧西藏，只有几所规模很小的藏医机构。而在西藏广袤的农牧区几乎没有一所像样的医疗机构。1925年一次天花流行，在拉萨一地就死亡7000多人。农奴得了病，只能听天由命。

今天的西藏已经建立了一千多所医疗卫生机构，即便偏远的农牧民也可以选择就近就医。

在农牧区，医生很受人们的尊敬。很多年轻的医务人员选择离开城市来到农牧区，基层医疗机构的人员得到了充实。对此，拉萨市城关区蔡公堂乡卫生院的院长边巴桑布深有体会。"（农牧们）小病这一块基本上不用去很远的地方（就诊），比如腹泻、感冒等，可以直接到我们乡医院治疗。"

山南地区扎囊县扎期乡卫生院的流动医疗车（图片来源：中国西藏网）

西藏自治区卫生厅工作人员告诉我们，截至到2010年底，西藏达到了所有的行政村，每个村平均配备1.1名村医。2005年，政府投资1亿多元为西藏所有的县、乡镇医疗卫生机构配备了先进的基本医疗设备，平均每个乡镇投入10万元。基本药物配备齐全，基层卫生机构按药物的进价出售给患者，没有从中赚取任何利润。

"现在基层药不缺了。我们的乡镇卫生院基本上都能配备一两百种常用药，有些中心乡镇卫生院达到300多种，用于治疗老百姓的常见病或者多发病是没有问题的。"西藏自治区卫生厅的官员很放心地对我们说。

西藏自治区建立了以免费医疗为基础，以政府投入为主导，家庭账户、大病统筹和医疗救助相结合的农牧区医疗制度。从2011年开始，每个农牧民每年只需要缴纳20元，生病住院的费用就可以报销70%，累计报销封顶线不低于6万元。

在旧西藏，妇女怀孕生孩子被看作肮脏污秽的行为，只能在牛棚、羊圈

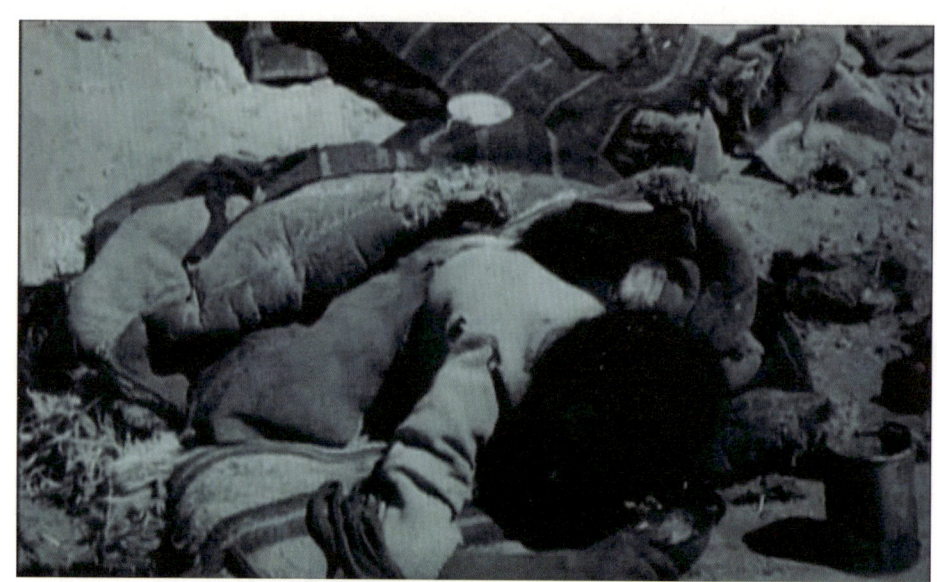

农奴得了病只能听天由命（图片来源：《讲述西藏》纪录片）

里分娩，母婴双亡的情况非常普遍。现在，为了鼓励孕妇到医院分娩，不仅免除所有费用，而且能够得到奖励。渐渐地，人们的生育观念发生了根本转变，即便在农牧区，人们也认可了住院分娩最安全的理念。

据第六次全国人口普查，西藏人口由和平解放前100万增加到现在的300.22万人，其中藏族人口271.64万人，占90.48%。婴儿死亡率由1959年前的430‰下降到2010年的20.69‰。

西藏自治区卫生厅的王云新说："我们的制度规定，对我们的农牧民孕产妇，不管你到哪一级医院住院分娩，你的费用是百分之百报销。"

逐渐完善起来的医疗救助系统，改变了西藏地区农牧民患者的境遇。确诊病情的洛布央金没有犹豫，她来到了拉萨市人民医院。

洛布央金在拉萨市人民医院做的胆结石手术很成功，正是得益于农牧区医疗制度，洛布央金一家没有因为医疗费而发愁。她告诉我们："这次手术陆陆续续花了9300元左右，报销了7700元。"

洛布央金还患有风湿病，经常要去村卫生室。每次拿这些常用药，只需在自己的家庭账户上签个字，药费就从账户资金中核销了。

西藏众多的乡村医疗机构都为辖区内的老患者建立了健康档案，医生经常开展上门巡诊。纳金乡村民顿珠措姆今年63岁了,近几年,她得了一些老年人的常见病,求医问药成了她生活中重要的事情。"有时候关节那边也疼,腿有时候麻得很。"

纳金乡卫生院林珠院长每次巡诊都会给老人把药带来,顿珠措姆老人看病吃药就不用出门了。

西藏基层医院的医生(图片来源:摄影范登科)

如今,农牧民的生活水平提高了,他们对医疗条件有了更高的要求,一些重症患者乘火车到拉萨来治病,政府为全区农牧民建立了大病补充医疗商业保险,人均最高保险金额为7万元,解决了他们的后顾之忧。

由于受高海拔和紫外线强烈等环境影响,西藏白内障患者较多。政府把白内障复明手术纳入农牧区医疗制度大病统筹报销补偿范围,每年都有3000多名白内障患者接受人工晶体植入术,越来越多的患者重见光明。

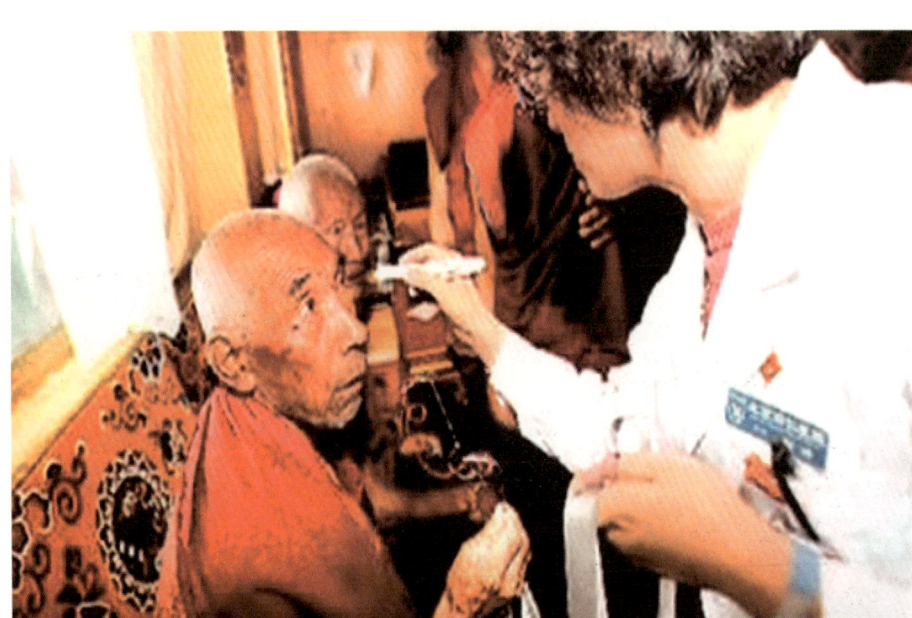

白内障复明手术纳入农牧区医疗大病统筹报销补偿范围（图片来源：《讲述西藏》纪录片）

多年以来，全国17个省市在基础设施、仪器设备、医疗技术、人才培养及资金支持等方面全方位开展支援工作，藏区的农牧民没有想到，在家门口也能得到来自全国各地医疗专家的诊治。

萨珍是西藏自治区第二人民医院的检验科主任，参加工作30多年了，她也是西藏医疗卫生事业发展的亲历者和见证者。随着西藏医疗卫生事业跨越式的发展，平均寿命已由50年前的36岁提高到现在的67岁。

"最近住院的六、七十岁的人挺多的，感觉到，人的寿命也在增加了，西藏现在人均寿命也都在60多岁了，这里很大程度上取决于医疗这一块的保健。"

西藏的医疗保障水平走在了全国的前列，有了农牧区医疗制度，农牧民看病、吃药花销的负担减轻了，摆脱了无钱就医的困境，他们的健康意识提高了，如今，看病就医已不再是个人的事，西藏农牧民在未来将得到更全面的医疗保障。

西藏的医疗保障水平走在了全国的前列（图片来源：《讲述西藏》纪录片）

安居在西藏——西藏百姓居住方式的变化

西藏，幅员辽阔，人口较少，农牧民的居住地点缀在这片美丽的土地上。这一排排新建的民居就是农牧民现在的家，建房资金一部分由农牧民自筹，一部分由政府资助。从2006年起，这项造福西藏人民的工程总投资已经超过170亿元，覆盖了140多万西藏地区的农牧民，几乎占西藏人口的一半。

这项造福西藏人民的工程总投资已经超过170亿元（图片来源：《讲述西藏》纪录片）

昌都地区类乌齐县热扎卡村的村民德巴告诉我们："我们是牧民，以前经常要搬迁，风雨兼行，放牧、生活较艰辛。现在在国家的关心帮助下，我们有了自己的稳定的居住点。"

雪山融水滋养着这片神奇的土地，西藏牧民世世代代过着"逐水草而居"的分散游牧生活，有的牧民家庭常年居住在帐篷里，有的住着极为简陋的土坯房。每当冬季来临，狂风和大雪成了农牧民生存的天敌，分散的传统农牧生产方式，使得每家每户难以靠自身的力量改善居住条件。

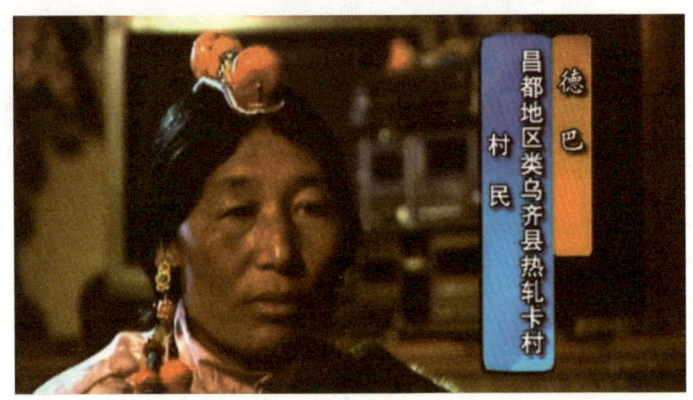

风雨兼行的放牧生活较艰辛（图片来源：《讲述西藏》纪录片）

西藏的农牧地区，以前也有一些固定的房屋，但抵御自然灾害的能力有限。2008年，西藏自治区当雄县发生地震，居住土坯房的农牧民，在自然灾害中遭受巨大损失。

救灾是及时的，当年，受灾的农牧民就住上了由政府援建的新房。

居住土坯房的农牧民，在自然灾害中遭受巨大损失（图片来源：《讲述西藏》纪录片）

当雄县羊八井镇雪嘎果村牧民旺堆巴桑的家就是震后政府援建的新住房，房子的样式户型是旺堆巴桑和两个儿子一起设计的，主房170平方米，有一个大大的客厅，内饰具有鲜明的藏族风情。"以前光土砖，现在你看水泥、石头、木料……木料好得很！还是国家帮的忙，我们盖不了这么好（的房子）。"

还是国家帮的忙，我们盖不了这么好（图片来源：《讲述西藏》纪录片）

每到夜晚，这片土地上就开始刮起飕飕的冷风，在这坚固的住房里，老人安详地诵经，孩子们认真地学习，旺堆巴桑最开心的就是全家人聚在一起的时刻。

由于居住分散，西藏农牧民的孩子上学成了难题，有的路途遥远，有的则在居住地附近难以找到学校。如今，西藏地区实施了安居工程，这些难题迎刃而解。

在当雄县羊八井镇，最漂亮的建筑就是镇里的小学，牧区的面积很大，以前天气变化的时候，很多学生不能保证到校学习，如今牧民们相对集中居住，这给教育发展也提供了便利，羊八井镇牧区适龄儿童的入学率达到了100%。

政府提供的义务教育在这里得到有效的实施，学生的学费、住宿费和餐费全部由政府支付。牧民旺堆巴桑告诉我们："现在不掏钱，国家政策老百姓就是不掏钱了。"

最漂亮的建筑就是镇里的小学（图片来源：《讲述西藏》纪录片）

西藏以前的民居大多是简单的土坯房，很多家庭没有专门的厨房，全家人的日常活动都在一个房子里。如今工匠们建房要复杂多了，石头、水泥、钢筋，房屋主人的要求提高了，不仅要求坚固，还要美观、居住舒适。

在西藏自治区拉萨市城关区蔡公堂乡蔡村三组，村民尼玛伟色一家五口人住进了他们通过政府实施安居工程盖的房子里。住房面积260平方米，这栋2009年建的新房，总共花费了9万多元，国家补贴了39000元。

购买这些崭新的藏式家具，尼玛伟色花了一万多元，为这个家庭增色不少。现在家里做饭也不用烧柴了，沼气管道通到了厨房，经济实用。"以前家具这些全部都是根本没有这么好，真的。比我富的太多了，我是一般的。说实在的，不是我一家，每家每户都有补贴。"

政府援建的大型安居工程，除了提供部分房屋建设费用外，西藏还总计投入150亿元，为各个居民点配套道路、饮水、电、广播、电话、卫生、学校、文化站等公共设施。如今，每一户西藏的民居都有自来水、厨房、卫生间，居民们都能看电视，还能上网，现代化公共设施的覆盖率达到100%。

以前，由于条件限制，农牧民的空余时间生活内容比较单调。自从实施了安居工程，居住地的道路交通也得到了极大的改善，人们不仅可以在家里安心拜佛礼佛，还可以很方便地到著名佛教圣地朝圣。

安居工程大大改善了西藏居民的生活条件，衣食无忧的生活状态已经不能满足西藏人民的需求，他们追求着美好的精神生活。

每年8月的草原，放纵着生命的欢快和热烈，这里都会迎来草原上最盛大的节日——赛马节。牧民们安居乐业，不再为居住条件发愁，到了重大节日，都身着盛装走出家门，来到赛马场，这些昔日贵族人家才能拥有的华丽昂贵的服饰，如今穿在了普通牧民的身上，草原成为欢乐的海洋。

交通、信息交流水平的提高，使藏区人民开阔了视野，增加了新的生产致富的方式。越来越多的农牧民进入旅游、特色手工业、经贸等新的行业。

幸福以最简单和最直接的方式写在了普通人的脸上（图片来源：《讲述西藏》纪录片）

如今，在安居工程的推动下，西藏人民获得了良好的家居生活条件，在这里，人们的幸福是平常而实际的，它以最简单和最直接的方式写在了普通人的脸上，我们相信，西藏的未来会更加美好。

寺庙里的养老院

69岁的强久,是拉萨三大寺之一色拉寺的一名老僧人。光阴荏苒,强久在5岁时就已经出家为僧,修行了几十年。现在的强久已经不再需要每天学习经文,只是偶尔参加寺庙里一些重要的法会活动。

这座宁静的院落是色拉寺的养老院,现在有30多名年迈的僧人住在这里。在色拉寺,凡是超过60岁的僧人,由寺院进行集中供养。这里的生活条件更加便利,可以让老人们安享晚年。

在旧西藏,虽然有徒弟供养师父的传统,但寺庙里通常只有少数的上层僧侣有专人供养,大部分的底层僧侣生活艰苦、老无所依。

色拉寺养老院(图片来源:《讲述西藏》纪录片)

强久告诉我们,"那时候生活有好的,也有不好的,但对不好的人,没有人关心。上面三大领主只要他们自己过好了,下面老百姓的疾苦是不会有人关心的,旧社会的时候百姓跟门口的牲畜一样。有些贵族能看到百姓的疾苦,而有些贵族只要自己有吃有喝,就不会顾及底层人民的生活。"

"现在的政策好,能够看到群众的困难,所以养老院在城里、农村和寺庙都有,不是说只有我们色拉寺有。以前没有这样,真的是没有。"

现在的强久生活安逸，对于养老的问题，他不需要有任何顾虑。

"每三个月政府会发生活补贴，医疗方面会发医保卡。"

2012年西藏实施了《西藏自治区寺庙僧尼参加社会保险暂行办法》，将各寺庙的僧尼正式纳入社会养老体系。年满60岁的僧尼，不必缴费即可以按月领取基础养老金。

"生活补贴以前只有一两百元，后来提高了一些，可以领到三四百元，每个月发一次。另外我们超过60岁的人，每月还有300元的养老补贴。现在还有医保卡很方便，我们拿着医保卡去看病，无论是去西藏军区总医院还是去其他医院，我们都不用花钱，医疗费都是政府出的。享受到这些我们心里感到很高兴。"

色拉寺养老院（图片来源：《讲述西藏》纪录片）

老僧人达杰已经83岁了，他的小徒弟洛桑丹增负责照顾他的起居。"现在每天除了读读经书，出去转经之外，我已经做不了什么事情，身体不好。"

由于师父年老体弱，洛桑丹增每天起床后，就要到师父这里，先把房间打扫干净，供上净水。给师父做好早餐后，才开始学经。有了弟子的陪伴，达杰老人不会觉得孤单。虽然年纪大了，身体有些不便，但有低保和养老补贴的保障，生活上没有什么压力。

如今，西藏一些大的寺庙，都建立了类似的养老院，让老年僧侣可以安享晚年。

这里是藏传佛教规模最大的寺庙——哲蚌寺，阿旺曲扎是哲蚌寺养老院的院长，他在这里工作20多年了。2011年，这座西藏自治区政府投资近1000万元新建的养老院落成，这里的生活条件有了很大的改善。

"新旧养老院的差距太大了，新养老院房子很大，到冬天院子里阳光好，方便散步。饮水可以在灶台旁直接接水，电视、广播等现在需要的一切应有尽有。"

新养老院就建在哲蚌寺措钦大殿的旁边，便于老人们参加寺庙里的佛事活动。哲蚌寺管委会常务副主任阿旺群增告诉我们："哲蚌寺超过60岁的僧人有40位，其中生活有困难的，身边没有人照应的，我们请他们住到养老院。寺庙请人安排照顾这些老人们，一日三餐、挑水、打扫卫生等，寺里统一做了安排。"

阿旺曲扎是哲蚌寺养老院的院长（图片来源：《讲述西藏》纪录片）

传统的寺庙生活中，融入了现代的养老模式，老人们的生活也更加安逸。"年老的僧人搬到养老院后，都很高兴。现在社会上的老龄惠民政策，我们养老院的老人们都能享受。另外生活上每月有350元的补贴，我们寺管会每六个月给他们发放3000元,这是我们从寺庙的经费中拿出这些钱给养老院的补贴。要是进医院的话,医药费百分之百报销。其中70%由医保报销,30%由民政局报销,他们一分钱都不用花。"

虽然色拉寺养老院的生活条件跟哲蚌寺新建的养老院还有些差距,但是,强久已经听到了一些好消息。

"去年藏历新年的时候说,要建新的养老院。而且会有各自的宿舍,有晒太阳的地方,每天提供三顿饭。"

色拉寺管委会主任索朗罗布告诉我们:"色拉寺新养老院投资540多万元,然后还要投资350万元维修殿堂。根据僧人的习惯,新的养老院会有卧室,个人的一个小殿堂,还有厨房、卫生间、洗衣间,基本上把老年僧人的起居问题解决好了。然后,下一步还要建一个卫生院。有了食堂和卫生院,这里可以说是一个现代的敬老院。"

新建的养老院很快就能落成了,这个消息让强久很开心。有了晚年生活的保障,僧人们可以更安心地修行。在此起彼伏的诵经声中,僧人们共同祈祷众生安康、世界和平。

二、故事:西藏基层的人生

1. 最美乡村医生:乡亲们生命健康的"守护神"

2013年1月12日,"寻找最美乡村医生"大型公益活动正式揭晓,西藏东部昌都地区边坝县沙丁乡乡村医生洛松江村获得"最美乡村医生"称号。这位在祖国的一个小小村落里守护着自己的乡亲们、一待就是18年的医生,他有着什么样的故事?近日,中国西藏网记者探访了洛松江村,近距离了解了他的"美"。

眼前的这位朴实寡言的康巴汉子,身材消瘦,皮肤黝黑,神情略带羞涩,然而他的眼神却始终坚定而谦和。他无私奉献了18年美好的青春年华;他扎根基层,风餐露宿,足迹踏遍了藏东的高山深谷;他为西藏昌都地区边坝县沙丁乡的3000多名乡亲带去了健康和生活的信心；他被乡亲们亲切而深情地称为生命健康"守护神"。他就是昌都地区边坝县沙丁乡卫生院院长——"最美乡村医生"洛松江村。

洛松江村小的时候，他的母亲经常去看望年老多病的外婆。由于沙丁乡地处边远，所以缺医少药的情况非常普遍，请医生到家里来看病更是难上加难。外婆饱受病痛之苦使母亲备感无力，小小的洛松江村也深深体会到医生对乡亲们是多么的重要。那时候的他就立志要做一名救死扶伤的好医生。

在20世纪90年代，昌都地区卫校招录在校初中生就读医卫专业。于是，当时还在边坝县城读初中的洛松江村报名后，成为了一名昌都卫校的学生。

1994年，洛松江村从卫校毕业，又回到了边坝县尼木乡，成为这里建乡以来的第一位乡村医生，那一年，他刚刚15岁。在行医巡诊的生涯上，他一走就走了18年。

第一次抢救：一根缝衣针救活7条命

1996年冬天，洛松江村成为乡村医生不久。在尼木乡发生一场很严重的车祸，重伤11人，其中4名伤者当场身亡，剩下7名重伤病人的伤势严重，面部被毁容。

尼木乡地势山高谷深的，路途极为凶险，而当时全乡再没有能及时送伤者去医院的车辆了，必须当场进行抢救手术。

然而，尼木乡卫生院条件艰苦，不仅没有止血钳等手术器材，就连一般的医用消毒器械，甚至麻醉药和缝合线、手术针都极为缺乏。但是救人迫在眉睫，于是，洛松江村在无任何手术器具的情况下，硬着头皮，用缝衣物的普通针线经过简单消毒后，为那些车祸伤者一一做了手术。从当晚的7点多到第二天

洛松江村（图片来源：中国西藏网）

上午10点多,在这紧张的几个小时里,他一刻不曾停歇。忘记了恐惧,忘记了饥寒,忘记了疲惫……当为最后一名伤者做完手术后,洛松江村也累得瘫倒在了地上。这7位伤者也平安获救了。

这一次手术经历让初次行医的洛松江村第一次目睹并感受到了生离死别,心情颇为复杂。一方面,这次经历让他对救治工作大大增强了信心,对医生救死扶伤的使命感和自豪感大大增加了。另一方面,又让他懊恼不已,他说:"今天这些病人依然把我当成救命恩人,但是,当时条件不好,我的医术也有限,手术缝合处还很难看呢!如果我当时有更好的技术,我会做得更好。"所以,从那时开始,他一直迫切地渴望能多学习,能有更好的机会进修医术。

最忐忑的一次接生

1996年,洛松江村从尼木乡调到沙丁乡卫生院,至今已有15年。在这里,他依旧兢兢业业地为每一位病人治病和当地的百姓建立起了深厚的情谊。

有一次,一位产妇难产,面临生命危险。得到消息后,洛松江村立刻带上设备骑马上路了。由于病人在牧区,因此最快也要经过四五个小时的跋涉才可以到达。一路上,他心里一直忐忑不安。

终于来到病人家中,洛松江村惊得后背全是冷汗。原来,胎儿已不幸在孕妇腹中夭折,而产妇也因为疼痛而休克过去。

起初,洛松江村为病人打了催产素,但是不起任何作用。然后,他试着借助外力,协助产妇将婴儿从腹中取出,但都未成功。最后,在万不得已的情况下,洛松江村用了一个"土办法"——把产妇放在车上,在颠簸的路上慢慢开车,并定时用催产素等药物。就这样,折腾了一晚上,通过不断地颠簸,婴儿最终被"颠"了出来,而产妇也平安获救了。

马背上行走的医生:在病人家中养伤半个月

西藏昌都沙丁乡大约有680平方公里,平均海拔4000多米,人口大约3000多人,分布很分散。

洛松江村行医的18年里,他出诊走的很多都是路山高谷深的绝壁小道,因此他需要花费大部分时间骑马翻山,甚至有些地方只能依靠步行,而踏冰卧雪、风餐露宿更是家常便饭。巡诊的艰难,可想而知。然而,洛松江村依旧保持每个月五六次的出诊频率,稍微边远的地区,一年至少也要巡诊六七次。

1996年，洛松江村冒着大雪赶去为一位身患黄疸型肝炎的牧民治病。然而，冰天雪地路面湿滑。在翻越雪山的时候，他不慎从马背上摔下，导致右腿髌骨骨折，疼得他直掉眼泪。但是，洛松江村硬是拖着一条残腿，忍着病痛，一瘸一拐地走到了病人家为其治病。后来，牧民的病治好了，洛松江村却在病人家躺了近半个月养腿伤。在医疗设备匮乏的牧区，洛松江村请村民从山上找来树枝做固定夹板，慢慢调养，终于养好了腿伤。

在采访中，洛松江村指着右膝的伤疤说："那会儿我最怕我的腿残废了，如果我的腿脚残疾了，那我还怎么去给农牧民群众看病啊。"

在巡诊的18年，有时候，一次巡诊就需要五六天的路程。洛松江村总要带上干粮，一路上，饿了，就随便吃些干粮，渴了，就找口泉水甚至雪水来解渴。路途遥远，条件艰苦，工作强度大，长年累月下来，洛松江村身体越来越虚弱，多次胃出血。但他却因为心里一直挂念着乡亲们，忙着一次次的巡诊却顾不上为自己治疗和调理身体。

医为媒，接生行医中遇到爱人

洛松江村目前已经成家，有个两个可爱的孩子。他的妻子是沙丁乡完全小学的一名教师。当时他们相遇的过程颇为传奇。

沙丁乡完全小学的一位女炊事员难产，当地的一位老医生怕麻烦就没有接诊。于是，洛松江村骑马来到教师宿舍里为产妇接生。经过几个小时的努力，孩子终于出生了，母子平安。

而在一旁帮忙的教师都为洛松江村的医术所折服，更为洛松江村不怕苦不怕脏累的责任心感动。而这其中，年轻的女教师才旦曲吉对这个充满责任心的汉子一见钟情，她就是洛松江村的妻子。

洛松江村的内疚

提到父母妻儿，洛松江村却无奈地叹息。他的内疚与愧对父母妻儿之情，令人不禁感动心酸。

"父母都已经七十多岁了，作为儿子，我应该尽孝，很多人都劝我，一定要在父母在的时候好好孝敬父母，不要等老人过世了再后悔。但是我一直忙着工作，一年也很难回一趟家。对于妻子和儿子也很难顾上，我的大儿子现在和父母在拉萨生活，两岁的小儿子也是完全依靠爱人照顾，她白天要教书，晚上还要照顾孩子,真是太辛苦了。对他们,我总是充满了愧疚。"说到这里,这个坚强的康巴汉子眼里噙着泪水。

150元报酬亦无怨无悔行医路

洛松江村说:"沙丁乡卫生院因为我的坚守才让老百姓能够在得病时有地方看病,我一点都不委屈,我感到很满足。"因此18年来,每月只有150元基本报酬的洛松江村无怨无悔。他早已把这里的每名村民视为自己的父母兄弟姐妹儿女,深厚的感情,让彼此都离不开对方。

每月150元不够开销,那些年父母为他倒贴了不少钱。然而除了最简单生活支出外,洛松江村把其他的费用都用在为乡亲们治病上了,很多巡诊都是他免费去治疗的。

18年来,洛松江村扎根基层,踏冰卧雪、风餐露宿,足迹踏遍了怒江两岸、高山深谷,为3000多名基层百姓提供了及时有效的基本医疗服务,被乡亲们亲切地称为生命健康"守护神"。18年来,他守护生命,传递幸福,洛松江村把最美好的青春奉献给了最基层的老百姓。

18年来,沙丁乡3000多名村民把洛松江村视为亲人,他走到哪里,哪里就是家。乡亲们家里有什么事情,都会找洛松江村拿个主意。

有一次,乡亲们听说洛松江村要调走了,都哭着跑过来。他们拉着洛松江村的手不让他走。洛松江村解释了很久,答应乡亲们继续留下,大家才放心地离开。

18年,洛松江村的无私付出和对生命敬重,对百姓尽心,感动了所有人。这次被中央电视台评为"最美乡村医生",西藏自治区党委书记陈全国亲自致信给他,面对所有这一切,让洛松江村倍感意外。他谦虚而低调地说:"我就是一个再普通不过的乡村医生,救死扶伤是每个医生的天职,我没有什么特别之处,这都是我应该做的。"

说到未来的打算,他说:"我希望有机会能够得到进修,再能够精进医术,提升水平,我情愿一辈子留在乡亲们的身边,还是做一名乡村医生,为乡亲们看病。"

"最美乡村医生"洛松江村,他执着地坚守着自己的岗位,不为名利,无私奉献,心甘情愿做一名普通的乡村医生,做一个乡亲们的健康使者,守护着千家万户的健康和幸福……

2. 曲尼旺姆：一个基层的医务工作者

工作中的曲尼旺姆一丝不苟（图片来源：中国西藏网）

说起自己的父母与幼年，忆起那段苦痛与不堪的回忆，曲尼旺姆的眼窝里噙着泪；谈到自己曾救过的病危的乡亲，她的语气里充满着自信与满足；聊到自己甘于朴素却热心助人的事迹，她只说了一句话"这都是真的"。

透过曲尼旺姆的眼睛，让人能感到一种安宁；她淳朴的眼神里燃着一盏最闪亮的灯，朴素而高尚——为人民服务的热情是灯油，基层党员的觉悟与责任就是那灯芯。

6月12日下午，在她简单洁净的办公室里，我们了解到了这样一个平凡党员不平凡的故事……

一个医务工作者对事业的执着

出生在农奴主佣人的家里，曲尼旺姆刚出生就注定了继续要当农奴主的佣人，五六个月大的曲尼旺姆就开始被安排了一个佣人的一切，这是那个吃人的封建农奴制社会的规则。

然而祖祖辈辈的苦难终于在她两岁时得到了解脱,西藏和平解放了。继而西藏全区实行了民主改革,1963年曲尼旺姆在13岁的时候,就积极参加了工作。凭借着自己的天分与勤奋,曲尼旺姆在小学毕业后,经过县里的集中培训,当了一名"赤脚医生"。

当一名为群众服务的乡村卫生员,这是她的选择,也是父母的坚持与支持。从小就被欺压、当牛做马的父母在这之后的七八年里,没有让曲尼旺姆做一点家务,就是默默地支持她为乡亲们看病。在他们看来,能够挺起胸膛做人是他们几辈子修得的福气,所以他们要学金珠玛米和共产党,他们要把自己的女儿都献给人民。

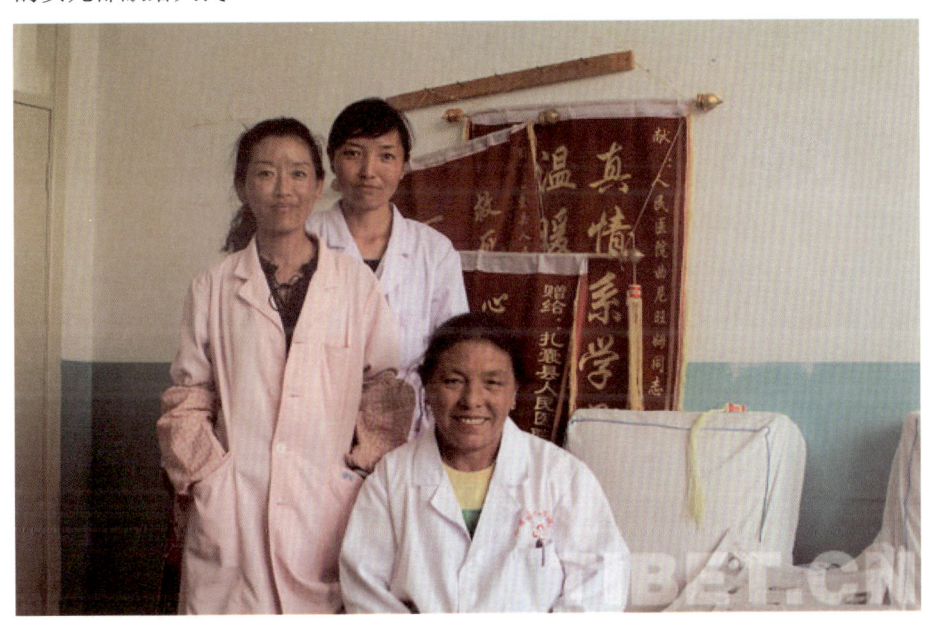

曲尼旺姆与扎囊县人民医院检验科的两位同事(图片来源:中国西藏网)

当时乡里所谓的卫生所,实在是名"负"其实:没有房子,没有设备,只有心里充满激情、浑身透着干劲的曲尼旺姆。"那时候条件就是那样,风里雨里地跑,白天黑夜地看,不得不做一个全科大夫。"曲尼旺姆笑着说,年轻时,她骑马的技术是很高的,全拜在乡村做"赤脚医生"的经历所赐。

在她的张罗下,才终于盖起了诊疗室、药房和病房,才算有了卫生室的样子。而每月 18 元的工资，她就这么毫不计较地拿了 8 年。

"每月就那点工资，够吗？"记者不禁问道，曲尼旺姆动情地说，"还是父母支持啊，那时候吃住都在父母家，记得第一个月发了工资，阿爸对自己讲，'不要嫌少，我们在旧社会做农奴的，给农奴主干再多再重的活，也从来没有领到一分钱，你现在要好好工作，尽力为翻身农奴看病'。"

曲尼旺姆用实际行动回答了阿爸的期望，从医几十年，她用自己的医术救治了不计其数的病患者。她说，印象里，三个孩子死而复生的故事曾给了她作为医生最深、最真的感动。

那还是在乡卫生所的时候，有一名男孩在曲尼旺姆到达之前已经被家人确认死亡，包裹好准备扔出门。可骑马赶到的曲尼旺姆细心地检查后发现婴儿有微弱的呼吸，在缺乏急救设备的情况下，她给孩子打了一剂强心针，然后采用口对口的人工呼吸，终于把孩子从死神的手里抢了回来。

同样的幸运发生在另一位女孩的身上。两个逃脱死神的孩子的家人为了感谢曲尼旺姆，并为了纪念发生在孩子身上的"奇迹"，都给孩子改了名字，叫"西隆"，死而复生之意。

还有一名结核性脑膜炎患儿，在病危期间得到了曲尼旺姆没日没夜、无微不至的照料，也从生命的边缘处被拉了回来。后来这个孩子改了名字，叫"革命孩子"。直到现在，"革命孩子"每次到县城办事，都会到医院来看望自己的救命恩人。

1974 年，曲尼旺姆被调到了县人民医院，主持组建检验科。当时的县人民医院，正处于组建阶段，一起都要从零开始。可从零开始谈何容易，空荡荡的科室里除了一副生物显微镜，几乎连载玻片都找不到。"东凑一件，西凑一件"，为了获得必要的检验设备、仪器和用具，曲尼旺姆利用每个培训机会，找遍了每个认识的关系人。

即使在这样艰苦的条件下，曲尼旺姆也没有放弃过业务学习。面对着缺医少药的困窘，面对着受病痛困扰的乡亲的眼神，她下定决心：硬件不足软件补。每天坐诊之余坚持业务学习，每天钻研病症并理论联系实际，提高自身的业务能力。她几乎不放过任何一次县、地区组织的医务人员培训，并专门到河南省驻马店进修过半年时间。

针对过去结核病肆虐的情况，倍感心痛的曲尼旺姆选择专攻结核类传染病的防治，并将工作重点放在传染病的防控上。在她的努力下，县人民医院检验科终于生根发芽，不断发展，逐步具备各种基础检验能力、有效配合其他科室工作的独立科室。

直到2002年、2006年，扎囊县人民医院检验科先后分入两位医生，才算结束了曲尼旺姆"孤军奋战"的历史。说起曲尼旺姆老师，同科室的医生无不挑起大拇指，感叹她对工作的严格要求，对同事业务的精心指导，对医生医德的"苛刻挑剔"，以及生活中对同事们的关切。

"作为检验科的工作人员，不能怕被疾病感染，尤其是遇到急诊的时候，一定要及时准确地给出化验结果"，曲尼旺姆这样对记者说。

一个妻子、母亲对生活的感触

曲尼旺姆1978年与丈夫结婚，育有两个儿子。婚后，曲尼旺姆几乎将全部的精力都投入在工作上，丈夫与家人依然给了她最坚实的支持。

就在她婚后第二年，由于曲尼旺姆赴内地进修，少人看护、还不到一岁的大儿子意外摔成了脑震荡，造成终身生活不能自理。在过去的30多年里，曲尼旺姆一边挂念着儿子，一边却放不下工作，只能把孩子长期托付给了自己的姐妹。直到现在，她还是对自己没有尽到母亲的责任而感到深深的愧疚，可工作上，她却从来没有丝毫的松懈或疏忽。

1993年，时时为她着想、处处帮她打理的丈夫因为肝硬化辞世，曲尼旺姆老师说，尽管心中悲痛不已，可她还得继续她的使命，为治病救人而坚持。少来夫妻老来伴，可想而知，她多么后悔没有多抽些时间和老伴多唠那么一会儿。

如今，让曲尼旺姆欣慰的是，二儿子已经参加工作了。儿子非常心疼妈妈，有一次，拿出自己的工资让她买件新衣服。她把钱收了，却把三年前的一件衣服拿出来给儿子看，居然"蒙混过关"。说到这里，曲尼旺姆老师满脸的慈祥，笑容那么灿烂。

关于家庭，曲尼旺姆老师没有多谈的意思。我们明白，她其实自己觉得亏欠家里很多，转而把这些情感投入自己的工作中，寄托在了一些萍水相逢、需要帮助的群众身上。

多年来，曲尼旺姆的生活十分简朴，很多衣服都是自己的姐妹穿过之后转送给她的，她现在住的房子也是 10 世纪 90 年代初盖的，已经比较破旧。她把省下来的钱全用到了自己的病人身上，用到了扎囊县的卫生事业上，用到了一个老共产党员的使命感上。

一个党员对信念的理解

在这个党龄超过记者年龄的老党员的眼里，自己就是一面旗帜，上面铭刻着"终身为人民服务"的承诺。从医 40 多年来，曲尼旺姆始终坚持以精湛的医术服务病人，以亲人般的情感关心群众，把本职工作与社会公益做到实处，在平凡的岗位上谱写光荣与高尚。

作为医生，曲尼旺姆深刻地理解自己的职责所在，知道"医者之根本"在于纯正的医德、体贴的服务和过硬的技术。所以无论在乡村卫生所还是县人民医院，她除了自己所掌握的知识以外，还不断学习各科临床知识，寻找到最适合农牧民群众看病的有效途径。

曲尼旺姆深深地明白，对于基层医院的农牧民患者而言，方便节省的治疗是多么的贴心。所以不管刮风下雨、黑夜严寒，有紧急会诊她总是随叫随到，而且她总是和同事们为患者商议最实惠的诊疗方案。而遇到暂时拿不出钱的病人，她总是力所能及地给予帮助，"先看病要紧"是她一贯坚持的原则。

2003 年，被评为"优秀党员"的曲尼旺姆刚拿到 600 元的奖金，当时医院里一位孕妇因为早产大出血，脸色惨白，急需救助。她想都没想就把奖金送到了孕妇那里，另外自己又添了 4000 多元，直到孕妇转危为安。她说：人不能忘本，不能站在钱眼里，更何况我是党员。现在的我靠的是乡亲们的养育、党的培养，不能事事计算自己的得失。

扎塘镇"五保户"次仁拉姆老人长

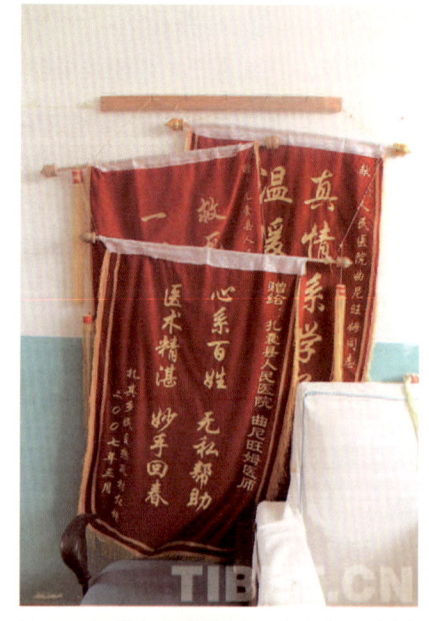

曲尼旺姆科室的锦旗（图片来源：中国西藏网）

期卧病在床，曲尼旺姆主动将老人接到医院治疗，并支付2000多元的医药费；扎囊县中学贫困学生洛桑云丹身患重病而无法就医，曲尼旺姆又主动将孩子接送治疗，并资助就学。

2005年，曲尼旺姆回老家卓玉村义诊时，了解到村路年久失修，严重影响村民出行与生产生活，于是她自掏7万元对乡村公路进行全面整修，解决了近700余人的出行难问题；2008年，她与丈夫出资5000元帮助扎其乡贫困户仁增一家建起小型藏鸡养殖场，一年后仁增全家年收入达1.6万元，摘掉了贫穷帽，走上了致富路。

"看到乡亲们生活好了，我心里感到很幸福。"曲尼旺姆平淡而欣喜的语气，让我们真切地感受了这位老党员在心愿得以满足时的幸福感。

2009年以前，扎囊县有些路段由于没有公共厕所，有些人随地大小便，污水横流，"冬春季节起风的时候空中都是那种味道，而且周边还有食品店，很不卫生的。"于是，曲尼旺姆在2009年和2010年从自己微薄的收入中拿出5万元，在扎囊县株洲路和德吉路口建了两座公厕，并请专人负责清洁与管理，彻底解决了长期困扰民众的污水横流、臭气熏天、传染病菌隐患的民生问题。群众对她的善举称赞有加，她却轻描淡写地说道："只是尽自己的力量帮助大家解决一下实际问题"。

曲尼旺姆关心群众、关注社会民生的事迹举不胜举，比如，植树造林活动中，她出资10万余元；汶川地震发生后，她将自己仅有的1.4万元积蓄当作"特殊党费"捐了灾区；隆子县罕见暴风雪灾害，她捐出2000元帮助受灾群众；玉树地震发生，她又捐款1万元……

多年来，曲尼旺姆先后扶贫济危、修路建桥、资助贫困与捐助受灾群众，据不完全统计，总额近数十万元，其他捐物不计其数。这对于一位仅靠微薄工资收入生活的医生来说，需要怎样节俭的物质生活才能积攒得出来啊。

由于业务能力出色、医德高尚，积极关爱和帮助群众，曲尼旺姆先后获得全国"三八红旗手"、全国总工会"双文明、建功立业女职工"等荣誉，并多次被评为区、地、县优秀共产党员和先进医务工作者。面对荣誉，她总是说：其实，这么多年来，我总觉得自己并没有做什么轰轰烈烈的大事，只是做了一些应该做的小事。

扎囊县县委书记巴珠在评价她时说：曲尼旺姆是我们县所有党员的一面旗帜！她有着一颗为党奉献的心。她所做的一件件小事，像一串串镶嵌在青藏高原的珍珠，闪耀着她鲜活的人格魅力。她用自己的行动感动了一群人，服务了几代人，这就是一个普通共产党员的境界。

尽管现在已经到了退休年龄，可曲尼旺姆依然坚守在自己的岗位上，用她的话说"发挥余热"。而如今扎囊的变化可谓翻天覆地，群众的生产生活改善巨大，曲尼旺姆在继续关注乡亲们卫生健康的同时，也在为家乡的建设与发展积极贡献着。

3. "安居工程"背景中的小人物：边巴在新房里的第一个藏历年

边巴次仁和巴果夫妻在新家门前（图片来源：中国西藏网）

对边巴次仁来说，这是他最近10年间第二次盖新房、搬新家，但是这次盖的新房是他最为满意的。因为这个二层小楼的修建全部按照自己的想法来实施，在5个月的施工期里他隔三差五就得过来看看，当房屋竣工，搬家第一天，这个朴实的西藏汉子还是抑制不住内心的激动："感觉太好了，就像到了城里一样。"

边巴次仁甚至等不到把新屋全部房间做完装修再搬家,他迫切地希望能在这个新家度过即将到来的藏历新年。一楼的窗台上五六盆青稞苗已经长得郁郁葱葱。新年时这些绿油油的幼苗就将被摆到佛龛桌几上,祈求新一年丰收吉祥。

与边巴次仁一样新年住上新房的村民还不少,这个位于西藏山南贡嘎县吉雄镇的全新村庄,陆续迎来66户主人入住,开始幸福新生活。

已经搬入新家快三个月的边巴次仁每天最喜欢干的事,就是在村子里来回溜达。出门就是宽敞平坦的村道,走个几十米远,就是正在建的三层村活动室。幼儿园、卫生室、超市、集中牛圈等都基本已经盖好了;村道的太阳能路灯整齐排列,以红色基调为主的藏式风格设计,与一排排二层藏式小楼相互呼应。村里每天都会有些新变化,边巴次仁看着那些图纸上的设计一一变成现实,心里说不出的高兴。他说,这就是自己看见过的城里人的生活,没想到在家门口自己马上就有了。

这个被命名为"德吉新村"的新农村社区,总投资4003万元,建设内容除了新建66户民房之外,还配套了村委会综合楼、商品房、幼儿园、卫生室、给排水、道路、沼气、集中牛圈等。

今年边巴夫妻俩打算将家里好好装修一番(图片来源:中国西藏网)

据了解,迁往德吉新村的每户人家必须为自愿报名,除了可以获得国家补助的 11 万元之外,原则上需要每户自筹一些资金。边巴次仁说,自家旧房子上拆下来的石料木材等建筑材料,以及建村建房投工劳务等,都可以折算在自筹部分费用里,如果费用不够,还可以根据自己的情况,向银行申请 3 万到 5 万元的无息贷款,实际上自己出的钱并不多,不会给自己家庭带来太重的经济负担。

如今边巴次仁新家占地面积 296 平方米,二层藏式新楼、11 间房对这个三口之家来说,宽敞有余。他的新家还建了一个大车库,里面摆放着一辆几年前买的手扶拖拉机。

边巴次仁想象着,再过几个月,等村里所有的设施全部建成之后,村里的小孩就可以不用每天走半个多小时到县城上幼儿园了,在家门口就能学习游乐。他最期待的村活动室建成后,既可以在里面读书看报,又可以打球下棋。以前在别人家见过的沼气,到时候也要接通到户,简单又方便。

德吉新村是西藏大力实施农牧民安居工程的一个缩影。从 2006 年开始,西藏大力实施以农房改造、游牧民定居和扶贫搬迁为重点的农牧民安居工程。截至 2013 年底,西藏农牧民安居工程已累计完成投资 278 亿元,累计完成农牧民安居工程 46.03 万户,已有 230 余万农牧民住上安全舒适的新房。

同时,通过改水、改厕、通电、通邮、建设维修乡村道路、牲畜棚圈、沼气等一系列配套设施建设,农牧民住上了新房,用上了自来水,看上了电视,听到了广播,过上了文明幸福的现代生活。

喝着家里为藏历新年新酿的青稞酒,边巴次仁谈起了他的年后"大计":"过完年打算找人过来给房子搞些装修,做些彩绘。我们一下子多出这么多房间,还要添置一些新家具、家电。等你们明年过来,我们家可能又是另外一个模样了。"

后记:就在采访边巴次仁一家之后不久,美国发布了《2013 国别人权报告》。报告指责安居工程使"牧民被剥夺传统生计,生活水准下降,更加依赖政府的救济"。没有调查就没有发言权,沾染着政治利益气息的指责不过是预设结果的游戏。

只有亲历了这一切的"边巴次仁"们,才掌握"最终解释权"。

4. 走访桑日县敬老院：老有所养 老有所乐 老有所保

走进桑日县敬老院的大门，如果不看大门的标牌，眼前的景象超出人们对一所敬老院的想象：整洁干净的二层排楼，院里是绿油油的草地，草地前摆放着几只太阳灶，草地上还散养着几只羊。不远的阴凉处、健身区，老人们正在悠闲自得地摇着转经筒，聊着天，蓝天白云下一片和谐生机。

桑日县敬老院（图片来源：中国西藏网）

桑日县民政局负责人介绍说，这座敬老院建于去年8月，各乡五保户9月份统一搬入院中，享受政府的集中供养，很好地解决了一些偏远地区五保人员的生活问题。以前的"五保户"，现在成了"五包户"（包"吃、穿、住、用、行"）。

看到我们来了，院里的老人们三三两两地聚过来，满脸微笑。有的老人简单地打着招呼，有的老人语言不通，就拉着我们的手到基本情况介绍板前找自己的照片和名字，没有丝毫的生疏。

敬老院的生活

来自雪巴村的格桑老人远远地看到我们，便招呼我们去他的房间坐坐。

他的房间在前楼的中间位置，屋内是典型的藏式摆设：向阳的窗口是一张藏式木床，床头叠着崭新的被褥。屋子中央摆着藏木茶几，靠墙放着一条藏式长沙发，沙发正对着挂在墙上的液晶电视。屋子远端是衣物柜和洗手间。

实木的地板映着柔弱的太阳光，给房间笼罩着一种暖洋洋的温馨感。像多数藏民家里一样，墙上贴着新中国四代领导人的照片，照片上拢着洁白的哈达，藏柜上摆着切玛盒和鲜花。

桑日县敬老院幸福的老人们 （图片来源：中国西藏网）

为了尊重老人们的习俗和宗教习惯，楼道尽头的房间被改成了敬老院的佛堂，长墙柜上供奉着五尊佛像，尽头一摞黄缎包裹的经书。在我们逗留的片刻，格桑老人已经打开了柜子，里面是为他们准备的金灿灿的酥油灯台和成包成包的酥油，虽然没有言语，可老人的表情是那种深切的满足和感恩。

洛桑次仁以前是厨师，烧得一手好菜，现在是敬老院的专职管理员。据他介绍，老人们平时饮食要求很少，有一次提出让他在菜里少放肉，多添点糌粑和粗粮。食堂里，饭桌也基本根据老人们的意愿，随意摆放。

敬老院的澡堂早已建好，不过受限于专业护理人员的缺乏，老人沐浴的安全问题还在全力解决之中。另外,老人们目前除了养老等各种补助外,每月有50元的零花钱,可以根据自己的需要,平价购买小卖部里的各种常用商品。

敬老院负责人介绍说,当地的老人们有转经和拜寺庙的习惯,敬老院也会不定期地组织院里的老人外出转经拜佛,旅行路程都是根据老人们的意愿以及体质状况决定。县里目前正在筹办歌咏比赛,敬老院专门请了退休的音乐老师辅导,组织老人们排练参与,排练时间也根据老人们的身体情况合理安排。

敬老院的故事

平措加措已经84岁的高龄,一辈子孤身一人。每每回忆往事,老人脸上的沟壑就会凝重许多。

平措的老家在绒乡的叶琼村,村子因为在山沟里,比起其他地方更为闭塞。西藏和平解放前,平措以一己之力承担了全家十三个兄弟姐妹的课税摊派,整日劳作,却难以饱餐一顿。由于年纪渐大,家庭负担太重,所以成家的事情就被一直耽误了下来。

大约十几年前,根据中央政策,平措享受到了五保户的相关福利和补助。去年9月,他与其他老人一起迁入敬老院。

谈到如今的生活,老人脸上的哀愁才渐渐消散,露出满足的微笑。目前平措身体比较健康,精神状态良好。

索朗曲吉80岁左右,因为从小被奴役,她自己也不记得自己的准确年龄了。大概十岁左右,她每天担心农奴主的皮鞭和惩罚,终日心惊胆战。直到西藏和平解放,民主改革完成,索朗才体味到了生来为人的新生活。

1959年,年轻能干的索朗光荣加入中国共产党,先后担任村组长、村委委员等职务。她婚后育有三个孩子,两个已经去世,如今她不愿和孩子一家生活,自愿搬入敬老院。在敬老院的近一年时间里,索朗觉得吃

桑日县敬老院房间内部 (图片来源:中国西藏网)

住、睡眠都比以前要好得多。她很享受目前的安静生活。

当问到她有什么顾虑时，索朗说她相信人生来由命，很早以前的黑暗日子里，她无所谓生死。可现在，她觉得自己开始顾虑起自己的健康来，有点小毛病就担心，怕没机会多享受如今的好日子。说完之后，她哈哈大笑，她的开朗感染了周围所有的人。用索朗的话说，她现在的生活就是一边感恩，一边等待。

听着索朗的话，让我想起和很多藏族老人的交流，他们都坦言比以前更担心自己的健康，都顾虑自己安享晚年这段美好日子不够长。

敬老院的考虑

具体到敬老院的实际运营，可能有诸多方面的问题需要考虑。

比如西藏民主改革时，几乎所有群众都分得了土地或其他物产，那么，这些入院五保户的原有物产怎么安排呢？

桑日县民政局负责人解释说，这些问题，他们在建敬老院之初已经考虑到了。老人们进入敬老院颐养天年，家中原有房屋、田地不会被闲置或处理。

敬老院在征得所有人同意之后，采取了这样的解决方案：敬老院进行前期调研，统计了入院老人的房屋与田地，在老人们同意后，与各村委会签订协议，由村里代替经营，收益按比例额分成，相应部分归老人们所有。

若有老人故去，其个人私产将根据老人遗愿及《中华人民共和国继承法》相关规定执行。

桑日县敬老院餐厅（图片来源：中国西藏网）

比如生活习惯与各种活动的安排，如何体现对老人意愿的尊重？

敬老院负责人说，一切活动都必须以老人们的安全为前提。在这个前提下，发扬民主，充分听取老人们的意见和建议。

原来敬老院餐厅饭桌的安排，都是按照老人们的疏密程度整齐摆好的。后来老人们逐渐彼此熟悉，院里索性决定将饭桌随意摆放，老人们可以三五成群地一起用餐，不仅吃得饱，而且吃得舒心。

老人们搬入敬老院后，出于内心的感激，主动要求张贴国家领导人的照片，院里也积极配合，满足了老人们的愿望。

这样的事例，不胜枚举。敬老院虽然目前专业护理人员不足，但老人们对目前的生活条件和状态非常满意。

近年来，西藏自治区党委、政府以保民生为重点，把社会福利事业发展纳入经济社会发展总体规划，统筹考虑，统筹发展。2009年，拉萨市和山南地区狠抓五保户集中供养机构建设，分别投资1000余万元，修建城镇社会福利院18所、农牧区敬老院16所，大大提升了五保老人集中供养能力。

5. 西藏老人"老有所养"：在舒适环境中安享晚年

目前，政府职能部门正努力用各种社会保障手段让每一位老人都能够"老有所养"，"如何养"则是考验政府执政能力的一道考题。西藏自治区提出将在未来五年加强农村五保供养服务机构和设施建设，积极发展以扶老、助残、救孤、济困为重点的社会福利事业，推进儿童福利院、社会福利院、农村敬老院、老年护理院的建设，改善孤残儿童、孤寡老人的收养供养条件，建立适度普惠养老服务体系，让集中供养率从现在的27%提高到50%。日前，记者来到了敬老院和福利院，探访了那些现在住在里面生活的孤寡老人们。

3月1日下午，拉萨市曲水县聂当乡敬老院内，80岁的仁增收到了藏历新年前的一笔慰问金，她双手合十，向爱心企业家表达感谢。仁增老人是最早住进聂当乡敬老院的孤寡老人，如今，她在敬老院有了很多朋友。"我们相处得像亲人一样，每天有人做饭打扫卫生，我们不愁吃穿，环境也越来越好了。"

聂当乡敬老院成立于1983年，2010年4月份迁到了现在的新址。聂当乡

拉萨市曲水县聂当乡敬老院的老人们（图片来源：中国西藏网）

乡长尼玛对新敬老院给老人们带来的舒适和便利感到满意："现在敬老院内安装了10盏太阳能路灯，保障老人晚上出行的安全，这里还设有专门的食堂，配有5个工作人员照顾老人们的饮食起居，为老人们设计的澡堂也安装了太阳能热水器，敬老院有一部专车，确保老人一旦出现急性疾病不受耽搁，院内的健身器材也方便老人们活动和锻炼。"

同样，这些良好的公共服务设施在曲水县福利院也建了起来。这些配套设施的资金均来自福利彩票公益金。

曲水县福利院内有自己的温室大棚，里面种着大白菜、小白菜、萝卜、菠菜等蔬菜。该院负责照顾老人们饮食起居的工作人员次央介绍说，上周老人们吃到了温室大棚长出来的小白菜，既新鲜又方便。

除了温室大棚，曲水县聂当乡敬老院和曲水县福利院都建有自己的猪圈和牛棚。猪长肥了就送到市场去销售，换了钱给老人买日常生活用品和购置衣服。

3月1日下午6点，晚饭时间快到了，曲水县福利院的工作人员正忙着准备晚饭，厨房案板上摆满了搓好的面片。"老人们都爱吃汤食，今天晚上吃牦牛肉面片。"在厨房忙碌的工作人员说，老人们胃口都很好，非常喜欢吃牛肉，平均一个月就要买一头牦牛。为了让老人吃好，福利院每周换一次食谱，保证每天三餐不重样。

曲水县福利院也于2009年完成了新建，从运行至今，先后集中供养了100多名五保老人、无劳动能力的残疾人、老复员军人、"三老"人员以及享受国家"一孩双女"政策的独居老人。

在花园式的曲水县福利院内，一排排藏式房屋便是老人们的家。仓觉老人和她的好朋友达娃住在一起。当太阳开始西斜，仓觉忙招呼达娃一起出去晒晒太阳，并喝上一口暖暖的酥油茶。对于这里的老人来说，冬天并不寒冷。

三、编辑视点：香格里拉并不是真实西藏

当我们踏上西藏的土地，面对五色经幡，被大昭寺前涌动的信众感动的一瞬，时常有人告诉我们，西藏，是一个如此神圣的地方。在离藏的航班与列车上，也总有人滔滔不绝地诉说着自己的朝圣心得，如同自己的一趟西藏之旅真能够洗涤心灵。

总有人将西藏的生活美化成人间净土，绘声绘色地将这片土地上的民众描述成一个虔诚而快乐的群体。他们被媒体、报刊和电影所给出的完美的如同失乐园一般的西藏所误导，一方面认为解放前的西藏是香格里拉，一方面认为1951开始的革命破坏了这一仙境般的地方，玷污了这一极乐净土。

然而，事实真的如此吗？这里的生活真的如此美好？这里的人们真的安然平静？

英国作家詹姆斯·希尔顿在《消失的地平线》一书中，将香格里拉描述成没有冲突、暴力、贫穷、偏见或忧虑，人与人之间和谐相处的地方。旧西藏却是一个等级森严、毫无人权可言的地方，白皮书将旧西藏称为"封建农奴制在东方最后的堡垒"，为我们展现了当时的真实面貌。

在封建农奴制下，人被划分为等级。在旧西藏通行了数百年的《十三法典》

和《十六法典》，明确将人分成三等九级，将森严的等级制度法律化。法典规定："人分上、中、下三等，每一等人又分上、中、下三级。此上、中、下三等，系就其血统贵贱职位高低而定"，"人有等级之分，因此命价也有高低"，"上等上级人命价为与尸体等重的黄金"，"下等下级人命价为一根草绳"。

旧西藏是一个贫富分化极其悬殊的社会。至20世纪50年代末，占西藏人口不足5%的三大领主及其代理人几乎占有西藏全部耕地、牧场、森林、山川、河流、河滩以及大部分牲畜。据统计，1959年民主改革前，西藏有世袭贵族197家，大贵族25家，其中居前的七八家贵族，每家占有几十个庄园，几万克土地（15克相当于1公顷）。占西藏人口95%的农奴和奴隶，则一无所有，处境悲惨，毫无人权可言。

造成贫富分化极其悬殊的直接原因则是建立在封建农奴制这一社会制度之上的高利贷体系。1916－1924年间曾先后五次到西藏及其周边地区考察的法国旅行家亚历山大·大卫·妮尔在其著作《古老的西藏面对新生的中国》中写道，"在西藏，所有农民都是终身负债的农奴，在他们中间很难找到一个已经还清了债务的人。""为了维系生活，农奴不得不借钱、借粮、借牲畜，支付高额利息。然而，来年的收获永远还不完膨胀的利息。""这些可怜的人们只能永远待在他们贫穷的土地上。他们完全失去了一切人的自由，一年更比一年穷。"

白皮书告诉我们，在落后的封建农奴制下，西藏表现出全面衰败的景象。白皮书展示的数据显示，直至1951年和平解放时，西藏没有一所近代意义上的学校，青壮年文盲率高达95%；没有现代医疗，求神拜佛是大部分人医治疾病的主要办法，平均寿命只有35.5岁；没有一条正规公路，货物运输、邮件传递全靠人背畜驮；仅有一座125千瓦的小电站，且只供十四世达赖及少数特权者使用。

让我们了解一下西藏人民在解放前夕的生活状况：90%的人没有住房，95%的人是文盲，所有的农奴和奴隶都没有上过学甚至没有基本的医疗保障。受教育和医疗还有住房是最基本的要求，这些方面的数据差别如此之大，可以想象当时的西藏人的生活水平是很低下的。

可以说，等级森严、生活困苦的旧西藏绝对不符合绝大多数人心目中的人间乐土美好意象。

值得欣慰的是，经过60余年的发展，西藏的民生正在快速改善，国家和西藏各级政府正在带领西藏各族群众走向更好的发展道路。香格里拉虽未真实存在，但却并不遥远。

四、背景知识：西藏的民生工程

藏医药是被世界公认的独具民族特色的传统医疗体系，在世界医学发展史上占有极其重要的篇章。然而，由于西藏社会的发展模式，医学的发展是以服务封建上层为目的的。如旧西藏时期，拉萨仅有两处官办医疗机构，并且是专为贵族阶层服务。普通百姓及下层僧人患病之后根本不可能得到有效的医疗，要么靠自行痊愈，要么就病情恶化等待死亡。旧时西藏民间有一些藏医，但是数量很少，而且对于一些急性病，根本束手无策，患者基本上得不到医疗保障。

旧西藏曾是恶性传染病流行比较严重的地区。据记载，西藏和平解放前150年间，有4次天花大流行，其中1925年的一次，仅拉萨地区就有7000人丧生。1934年和1937年的两次伤寒流行，拉萨又有5000余人死亡。

西藏和平解放后，中央政府和西藏自治区各级政府大力发展医疗卫生事业，提高人民的健康水平。从60年代初起，西藏再未发现过天花病，一些严重威胁人民健康的疾病已经消灭或被基本控制。

西藏的医疗保障水平走在了全国的前列，有了农牧区医疗制度，农牧民减轻了看病、吃药花销的负担，摆脱了无钱就医的困境，他们的健康意识提高了，如今，看病就医已不再是个人的事，西藏农牧民在未来将得到更全面的免费医疗保障。

在居住条件上，旧西藏由于社会制度的原因，西藏民众的居住同样有着"冰火两重天"的差异。以三大领主为代表的封建上层，居住的地方面积宽敞，住房结构质量优良，居住功能完备，住房环境质量较好，并有大量奴仆为其生活服务。而占西藏人口核的农奴阶层却只能委身于低矮潮湿、勉强遮风、

难谈避雨的低矮窝棚内，甚至流落街头。

西藏民主改革之后，广大人民群众的居住条件有了明显改善，特别是西藏实施安居工程后，极大地改善了西藏农牧民的居住条件。启动于2006年的西藏农牧民安居工程于2013年年底圆满"收官"，230万西藏农牧民圆了"新房梦"。截至2013年年底，西藏农牧民安居工程完成46.03万户，完成投资278亿元，全区农牧民群众人均住房面积增加了20%—30%。昔日许多低矮、阴暗、人畜混杂居住的土坯房变成了钢筋混凝土结构的二层小楼。

养老问题是世界上人类必须面对的民生问题，实现老有所养、老有所依，是每一个公民最基本的需求。西藏民主改革之前，人均寿命只有36岁，根本谈不上养老问题。

西藏民主改革之后，逐步建立起完善的社会保障体系，目前西藏已经建立统一的城乡居民基本养老保险制度，超百万人受益。官方数据显示，截至2013年底，西藏城乡居民基本养老保险参保人数达137.98万人，领取待遇人数达22.35万人。

西藏2009年底启动实施了新型农村社会养老保险，2011年启动实施了城镇居民社会养老保险，并率先在全中国实现了两项制度的全覆盖，从制度上解决了全体城乡居民的基本养老保障问题，缓解了居民养老的后顾之忧。

上述两项制度在基础养老金待遇、关系转移接续、村（居）委会成员政府补贴标准等方面存在不尽一致的问题。为健全城乡发展一体化体制机制，《西藏自治区城乡居民基本养老保险实施办法（试行）》日前获批。《办法》推行城乡居民养老保险基金自治区级管理，并在制度模式、政策标准、经办服务、信息系统等方面进行了统一。

此举标志着西藏统筹城乡居民养老保险制度改革进入具体实施阶段，对于保障和改善民生、应对人口老龄化挑战发挥了积极作用。

第四章
教育让孩子的明天更美好

今天的西藏已经建立起一个完整的现代教育体系,这是这片土地上一个意味深远的变化。良好的硬件设施和优秀的师资力量,让年轻的藏族学生们接受着他们父辈难以想象的教育。而正是教育的力量,让我们看到了更美好的未来,使这片土地"桃李芬芳满园春,书声琅琅遍山乡"。未来的希望孕育其中!

一、讲述：西藏教育变迁

当时光回溯到几十年前，在当年西藏的旧影像中，你会看到不一样的生活。在西藏和平解放前，整个西藏没有一所现代意义上的正规学校，适龄儿童入学率不到5%，文盲率高达95%。当时，整个教育基础非常薄弱和落后。

在不同的时代，人们有着完全不同的境遇，而教育并不是每个人天然享有的权利。

旧西藏的教育

旧时代的西藏，教育被作为一种特权，由寺院和贵族垄断，百万农奴没有权利接受教育。当时旧西藏的教育主要分为：寺院的教育、官办僧俗官员的学校、藏医藏药的学校、社会上民间办的私塾。只有一部分贵族和富商的小孩才可以上学，老百姓的孩子没有受教育的机会，牧民的孩子还是放牛，农奴的孩子还是当农奴。从来没有被当成"人"看待的广大农奴长期被压制在蒙昧状态之中。

旧西藏最主要的是寺庙教育，教师是寺庙喇嘛，主要的教学内容是宗教经典，因此寺庙教育培养出来的学生主要是僧人。官办教育是指当时噶厦政府所办的两所学校，一所是僧官学校，一所是俗官学校。僧官学校办在布达拉宫里。学校的学生来源主要是两个，一个是从寺庙里选拔，主要来自拉萨三大寺；另一个是从贵族世家的子弟中录取。学习课程除了文字、文法、宗教经典，还有一个重要内容就是宗教仪式。俗官学校办学的目的是给世袭俗官的贵族子弟传授必要的藏文、数学、财会知识，学习的内容主要是语法修辞、法典、公文的写作、数学四则运算和乘法口诀表。私塾教育的条件都比较差，一般就是一间房子，年龄不同、程度不同的孩子在一起学习，教学内容既不系统也不科学，主要就解决藏文的读和写。穷人家的孩子还是上不起，因此私塾里的学生主要是贵族和商人家的孩子。

"在旧西藏显然只有极少数人能受到正规教育。没有受教育，就不可能在政府中任职，也不可能去探索是否还有另外的社会形态，也就不可能打破僧人对知识如此严密的垄断"，加拿大藏学家谭·戈伦夫这样说。

新起点：初级教育

西藏和平解放时，西藏社会仍然处于极度封闭落后的状态，现代工商业、科技、教育、文化、卫生事业几乎是空白，西藏人口95%以上是文盲或半文盲，很多人连自己的卖身契都看不懂。当时西藏小学的入学率是2%，98%左右的人是文盲或者半文盲。

老照片展示了拉萨小学的发展历程（图片来源：中国西藏网）

西藏现代教育的起点，要从拉萨小学说起。1952年，拉萨小学成立。毛泽东为此专门题写了贺词——"中华人民共和国各民族团结起来"，一个具有历史意义的日子定格在此。后来，1956年拉萨办了第一所中学，1958年西藏民族学院办了西藏公学，在这个基础上，1965年办成了西藏民族学院，就是西藏第一所大学，陆陆续续西藏教育开始起步。

到今天，拉萨小学的建校历史已经整整62年了。在美丽的校园里行走，看着一张张天真的面孔从身边闪过，你会深刻地感受到教育的力量给这片土地带来的希望。

如今拉萨小学学生上课的照片（图片来源：《讲述西藏》纪录片）

  今天的拉萨小学已经是一所重点小学，校园里丰富的教学活动，让孩子们充分感受到了学习的乐趣。与内地的小学不同，拉萨小学采用的是三语教学。孩子们在这里要学习汉语、藏语、英语。学校重视素质教育，并专门兴建了一座教学楼用于各种兴趣班的教学。所有教学都是免费的，面向全体学生，只要学生感兴趣就可以报名。在这里，可以学古筝、二胡以及藏族乐器，也可以学习绘画、书法，或者下围棋。学校还专门组建了管乐队、足球队。校长刘群英说，"国家给我们的支持多，给孩子们的优惠措施也就特别好。尤其是农牧区来的孩子们，吃住全在学校，除了书本和校服费，所有的学费都是免费的"。

  这都得益于国家为发展西藏教育推行的一项主要措施："三包"政策。从1985年开始，国家拨出专款在西藏农牧区实行了以寄宿制为主的中小学校办学模式，并对义务教育阶段的农牧民子女实行"包吃、包住、包学习费用"的"三包"政策。西藏教育事业以实现"基本普及义务教育、基本扫除青壮年文盲"的攻坚目标和高等教育大众化为标志，得到了快速的发展，截至2011年，西藏小学入学率达到99.2%，初中入学率达到98.2%，基础教育步入新的发展阶段。到今天，西藏全区已经基本普及了九年义务教育，教育在西藏不再是特权，反而成为公民应享有的权利。

内地西藏班　不一样的人生精彩

在内地西藏中学学习的藏族学生桑杰次旺（图片来源：中国西藏网）

1985年，针对西藏教育基础薄弱、与内地差距较大的特点，中央政府决定在内地开始开办西藏班，以帮助西藏自治区更多、更快地培养各类专业技术人才。

"如果没有考上内地西藏班的话，我从墨脱走出来的概率可能很小，也不会得到这么多——视野、知识、经历、友谊……"西藏墨脱县背崩乡的门巴族小伙桑杰次旺说，"这个机会，可能会改变我未来的生活轨迹。"

小学毕业时，桑杰次旺以优异的成绩考上了广东佛山南海艺术中学，在那里开始他的内地求学生活。2008年，他考入北京西藏中学继续读高中。"我的梦想就是利用自己的专业知识，将来能为家乡和民族的传统文化保护贡献一份自己的力量。"桑杰次旺将从山东大学历史文化学院毕业，投入社会，他离自己的梦想又近了一步。

勃勃涌现的私立学校

今天的西藏教育进入了一个快速发展时期。除了公办教育，一些对教育抱有个人理想的民间人士也开始投入这个领域。岗旋语言学校是西藏第一所

来自法国的志愿者与岗旋幼儿园孩子们互动 （图片来源：中国西藏网）

私立学校，创办至今已有 20 多个年头。

  私立学校从最简陋的英语培训班开始，现在已经形成一个包括幼儿教育和各种技能培训的大型教育机构。岗旋语言学校校长洛桑还有更大的梦想，他的下一个目标是创办西藏的第一所私立大学。洛桑校长说："私立学校在西藏是一个新鲜事物，百姓的热情还是很高的。在学校开办一年以后，学校学生人数猛增到 400 多人，不管小孩、大人、老人都喜欢来。"

  还有很多像洛桑校长一样，放下当下社会的浮躁与功利，多的是那份生活的朴实、事业的热忱和境界的高尚，为"世界屋脊"西藏的教育事业默默奉献着。

西藏高等教育的引路人

  宏伟的校门，宽敞平整的操场，整洁的校园道路，充满现代气息的图书

次旺俊美和张廷芳夫妇（图片来源：《讲述西藏》纪录片）

馆和教学楼，宽敞明亮的教室……现在的西藏大学被誉为"世界屋脊上的人才摇篮"，伴随着西藏大学发展的人们讲述着他们的故事。

1972年，一对新婚夫妇从北京来到西藏。丈夫次旺俊美是西藏贵族的后代，妻子张廷芳是一位北京姑娘，两人是北京师范大学的同学。他们见证了世界上海拔最高的综合性大学的成长和壮大。从另一种意义上说，他们见证的也正是西藏现代教育事业的发展变化。

爱情的力量让次旺俊美和张廷芳走到了一起。当时的西藏，教育基础十分薄弱，急需教育人才。夫妻二人回到西藏后，都被分配到了西藏自治区师范学校，这是西藏大学的前身。

"我们俩都是1965年进入北京师范大学，我丈夫是教育系学校教育专业，我是中文系"，张庭芳回忆到。 1983年，西藏自治区开始筹建大学。1985年8月的一天，西藏大学经过3年的筹备建设，终于成立了。而39岁的次旺俊美被推选为第一任校长。他担任系领导工作后,从建立健全学生成绩档案入手,规范学籍管理,修订教学计划,按照教育规律办事,依法治教;丰富学生社团活动并努力做到寓教于乐;率先请求开展本科生学士学位授予工作;组织教研活动,支持教师课余办班为校内外服务。为建立健全教学秩序,创建西藏民族高等教育的特色,活跃校园生活,凝聚全系师生创优良作风,使学生全面发展成为合格人才,他一步一个脚印地做了多件深受师生欢迎、影响全院的工作。

西藏大学原校长次旺俊美(图片来源:《讲述西藏》纪录片)

次旺俊美说:"当时办教育也是困难很大,条件很艰苦。但是大家都有一种感觉,西藏教育那么薄弱,落后的教育给西藏带来一个落后的社会,所以大家就觉得要改变命运,就必须要有文化,必须要有教育"。

张庭芳和丈夫并肩奋斗在西藏教育开拓事业的第一线,她之后也曾任职西藏大学的副校长职务。提到和丈夫奋斗初期,她说:"当时的学生可以说大部分不懂汉语,有的有一点藏文的基础,所以学校里的数学要从四则运算开始教,汉语得从汉语拼音开始教。"而就是在这样不利的局面下,次旺俊美夫妇为开创西藏教育的新局面,都铆足了劲头干工作。"我的一个感受是,在西藏办教育,并不具备往前走的条件,但是社会发展需要你往前迈出这一步。"张庭芳说。

就这样,西藏大学在这个教育资源极度贫瘠的土地上逐步成长,它倾注了无数人的心血。经过近三十年的建设,今天的西藏大学已经成长为国内一流的综合性大学,在美丽的校园里行走,你能深刻地感受到在这里孕育的希望和力量。

高等教育:西藏大学从"帐篷学校"到现代大学

格桑多吉(图片来源:《讲述西藏》纪录片)

1990年考入西藏大学的格桑多吉也是西藏大学变化的见证者。已经是西藏大学工学院副院长的格桑多吉,毕业后选择留校任教。在他的印象中,刚开始,西藏大学的条件非常艰苦,教室和周边的环境都非常简陋。"还记得我们第一次学计算机,整个学校只有几台电脑,然后老师要求我们上机的时候一定要洗头,还要洗脚。因为当时进机房要脱鞋,而且他不准我们把头发掉到键盘上。所以我们都非常小心翼翼,不敢去碰它们,"格桑多吉说。

自西藏和平解放以后,学习藏文藏语、加强队伍建设、提高干部素质的教育任务被提上日程,决定创办藏文藏语训练班。1952年2月12日,藏文藏语训练班在拉萨正式开学,后改为西藏军区干部学校。军区通过噶厦政府在

西藏大学旧照 （图片来源：《讲述西藏》纪录片）

东郊买了一座林卡，叫"仲吉林卡"，作为校址。这座林园，是专供噶厦政府的官员游玩的地方，柳树成荫，风景优美，但里面只有一幢贵族们玩林卡居住的藏式楼房。这幢楼房作为校部，老师们在这里办公和休息，所有学员都搭帐篷住。于是，在仲吉林卡的树荫之下，搭起一排排帐篷，蔚为壮观。拉萨人还从来没有见过这样的景色、这样的学校，便把西藏军区干部学校称作"帐篷学校"。

藏族学生在西藏大学学习的老照片（图片来源：《讲述西藏》纪录片）

今天的西藏大学已发展成为一所文、理、工、农、医结合,具有西藏特色的现代化高等学府。据格桑多吉介绍,光工学院的总体实验室设备就将近投入3000多万元。学生都可以自由上机,学习条件非常好。包括校园的网络建设也覆盖到学生宿舍区、教师宿舍区。

西藏学校的教学条件就这样逐年发生着改变。在这里,学生们在生活上没有太多压力,与内地的大学相比,他们享受着更多的优惠政策。学校的师范生从入学开始,所有的学费、住宿费都是免费的,伙食上面也有补贴。学校实行完善的奖助贷补措施,从各个方面保证学生的学习和生活。跟全国各个省市比的一个最大的优惠政策,就是在西藏大学力争百分之百的就业。据统计,2012年西藏大学的就业率就达到了百分之百。

丹增曲尼是文学院藏语言师资班的学生,学校众多的优惠政策使她可以安心完成学业。"我们是不用交学费的,师范班免学费,一学年就有两千元的年补,我毕业以后就想当一名老师,教好学生,用青春来回报母校。"

西藏大学新校园(图片来源:《讲述西藏》纪录片)

为了适应时代的发展,2004年,中央政府投入了5.4亿元建设西藏大学新校区。西藏大学的建立,填补了西藏没有一所综合性大学的空白。在大学建校的20多年时间里,为这片高原培育了3万多名大学毕业生。

西藏大学前党委书记房灵敏介绍,对一个地方高校来讲,西藏大学的建

西藏大学党委书记房灵敏（图片来源：《讲述西藏》纪录片）

设投入可能史无前例。特别是新校区的建设使西藏大学的硬件上了一个大的台阶。"我记得我们没有建新校区之前，我们学校的建筑面积不到10万平方米。新校区建好了以后，现在已经达到了30万平方米。教学仪器设备总值从当时不到2000万到1.2亿多万，使学校的硬件上了大的台阶。我们有了国家级的教育基地，有了教育部的重点实验室，有了教育部的工程研究中心。可以说硬件建设，确实是发生了巨大的变化，"房灵敏说，"我刚到西藏大学工作的时候，记得当时我们只有十一个本科专业，现在我们的本科专业已经是50个，涵盖了理工、农医、文史、哲学十大门类，应该说是一个名副其实的综合性大学。我们现在已经有十个二级学院、两个成人教育学院、留学生部，建立起一个比较完备的研究生教育、本科教育、专科教育、现代远程教育以及留学生教育的教育体系。"

良好的硬件设施和优秀的师资力量，让这些年轻的学生们接受着他们父辈难以想象的教育。而正是教育的力量，让我们看到了更美好的未来。

教育多元化下的新一代藏族青年

西藏的教育发生了翻天覆地的变化，随着教育多元化发展，当今的藏族青年正在各行各业上发光发热，展示新一代的新活力，为实现他们的梦想而奋斗着。

在西藏，有十几支摇滚乐队。成立于1999年的天杵乐队是西藏的第一支摇滚乐队。乐队的每个成员都有自己的工作，音乐只是他们的梦想。

天杵乐队演出现场（图片来源：《讲述西藏》纪录片）

由西藏文联副主席帮助成立的西藏民族音乐演奏队（图片来源：《讲述西藏》纪录片）

他们都是农民的孩子,没有受过正规的音乐训练。但他们与生俱来的音乐天赋为他们指引了一条新的寻梦之路。阿旺克村老人退休前的职务是西藏文联副主席、舞蹈家协会主席。在他的帮助下,一些藏族青年人成立了一个小型演出团队,传统的民族歌舞是他们的特色。因为歌舞的纯粹,小乐队的演出受到了很多人的追捧。现在,他们和西藏的一些酒店签下协议,定期的演出报酬可以让他们安心投入创作。他们还很年轻,梦想之路才刚刚开始。

今年32岁的格桑拉姆是西藏歌舞团的舞蹈演员,在舞蹈专业的寻梦之路上,她已经走了整整21年。早在1991年,中央民族大学到西藏招生, 11岁的格桑拉姆幸运地考入了舞蹈少年班。小小年纪的格桑拉姆只身一人来到北京,开始了长达6年的专业训练。1997年,格桑拉姆学成归来,以一名专业舞蹈演员的身份进入西藏歌舞团。到今天,在这个民族歌舞的艺术舞台上,拉姆走过了15个年头。对于一名32岁的舞蹈演员而言,舞台生涯的黄金时间已经不多了,但是格桑拉姆依然留恋这个寄托着自己梦想的舞台。

舞蹈演员格桑拉姆(图片来源:《讲述西藏》纪录片)

西藏登山学校是世界上仅有两座永久性办学的专业登山学校的一座,另一座位于阿尔卑斯山脚下。在学校创办的10年时间里,那些来自珠峰脚下的农牧民孩子们,创造了惊人的成绩。在2008年"奥运圣火上珠峰"的活动中,学校有60多名学员参与其中,女学员次仁旺姆还担任了登顶的主火炬手。中有近20人获得国家体育荣誉奖章,近80人获得国家级体育运动员证书,有80多名学员成功登顶珠峰。这些来自农牧区的藏族孩子,在这里度过三年的学习生活,他们不仅要全面掌握登山理论和技能,还要学习大量的文化课。在3年毕业后,他们将会拥有一个令人羡慕的职业。他们可以担任登山向导、高山厨师、高山摄影以及各种登山联络官和翻译，而一些具有登山潜力的学员将被推荐到西藏登山队。

西藏登山学校参与2008年"奥运圣火上珠峰"活动（图片来源：《讲述西藏》纪录片）

今天的西藏，走过50多年民主改革的风雨历程。财富的增长，机遇的涌现，一切都在变化之中。新一代的年轻人正在这片土地上追逐着自己的理想，这是西藏现代生活的另一个侧面。

二、故事：西藏教育变迁中的那些人和事

老红军忆筹建昌都小学

老红军魏克参加过昌都战役，他回忆，昌都和平解放之后，昌都解放委员会开始筹备建立昌都小学。当时昌都的教育现状是98%的人是文盲，其余2%能够受教育的人都是贵族和上层人士，所有的农奴都不识字，平时是靠摆放石块来算数。

1951年年初，昌都解放委员会文教组同昌都人民共同协商，成立了昌都小学筹备委员会，并于1月12日召开了昌都小学董事会，会上推举昌都喇嘛寺两位活佛谢瓦拉、德格·格桑旺堆及李安宅、于式玉、喇嘛寺大管家次嘎、次成和魏克为董事。经过董事会商定，决定先筹办昌都冬学。冬学不分男女老幼，不分民族，不分贵贱，都可以报名学习。

次成是魏克在西藏认识的第一个藏族朋友，他们是患难与共的朋友。校

址选在了昌都一座破旧的城隍庙内。建设学校时，十八军去收购木材，不料当地一个头人却出高价销售木料。次成很生气，说为西藏修建学校，不能这样做。为了学生的座椅和扩大学校的面积，他带着七八个人前往昌都扎曲河上游的森林里伐木。他在森林里待了3个多月，因为阴雨潮湿而病倒，昌都解放委员会得知他生病后，立即派医生去给他治病，不幸的是，医生还没有到，他就病故了。在他去世之前，他对人说："请告诉解放委员会和解放军的首长，我没有完成任务，很对不起。还要告诉我的爱人和孩子，在我去世后，一定要跟着共产党和解放军走。"当十八军军长张国华和政委谭冠三路过昌都时，魏克将次成的故事讲给他们听。他们还专门去拜访了次成的爱人和孩子。

参加过昌都战役老红军魏克（左一）和藏族同胞在一起 （图片来源：中国西藏网）

1951年3月，昌都冬学转为正式小学开学了，当时共设有3个班，招收到了130多名男女学生。教师队伍中，除了李安宅、于式玉两位懂藏学的教授外，还从巴塘请来了两位藏族老师，一个叫拉珍，一个叫做永珍。拉珍后来去了拉萨，成为了《西藏日报》一名藏文编辑。昌都小学的开学，也是魏克和次成这样许许多多藏汉同胞共同努力的结果。

拉萨市特殊教育学校校长李林：让折翼天使张开翅膀

拉萨市特殊教育学校成立于2000年12月1日，是西藏目前唯一一所以盲、聋哑、智障残疾学生为主要教育对象的综合性特殊教育学校，先后开设了小学部、初中部和职教部。学校建立9年来，坚持构建"学文化、学技术、成才就业"三位一体的教育体系，根据教学大纲开设各类课程，并根据西藏的实际情况研发了聋校小学阶段的藏语文、汉语文教材；先后建成了校园远程教育接收系统、多媒体教室、学校网站等现代信息技术系统。

李林，藏族，从事教育工作27年，2006年来到拉萨市特殊教育学校，如今已经成为了196个残障儿童的妈妈。刚刚参加工作时，李林在拉萨市一家幼儿园从事学前教育。谈及2006年来到拉萨市特殊教育学校时，李林说："当时我感觉压力非常大，一方面是语言障碍，另一方面就是为孩子们的生活学习条件担心，甚至不知道该从哪里入手。"从之前教育活泼可爱的正常孩子到面对听不到、看不到的特殊儿童，李林深深地感觉到自己责任的重大。

李林妈妈和她的孩子们（图片来源：中国西藏网）

"为了走近这群孩子，我首先要学好语言。当时我买了很多手语书籍，学了一个月也没有多大效果。后来直接向校方申请给我开了一节课，由我来教孩子们手工和绘画，效果不错，孩子们也很爱学。有的孩子还主动当起了我的手语老师，经常来办公室教我。"随着手语能力的加强，李林和孩子们的情感交流也逐渐密切起来。"越是走进这群孩子，就越会发现他们的可爱。"

"但是他们的食宿和教学环境让我很担忧，当时只有一栋两层的楼，教室、

办公室、宿舍都在里面。食堂连一百个孩子都容不下，孩子们冬天排队打饭，打回的饭菜都是冰凉的，我看着都心疼。"于是，李林开始忙着筹备学校的改扩建工作，整理材料、申报，经常白天讲课，晚上熬夜加班。"做这些为的就是孩子们有一天能在宽敞明亮的教室里读书，能有一个舒服的宿舍，能吃上热乎的饭菜。"李林说。

现在的拉萨市特殊教育学校，崭新的教学楼里各种教学设备齐全，新食堂已经投入使用。"我们学校的改扩建工程今年3月完工，孩子们也都搬进了新宿舍、新教室。看到他们读书、玩耍的瞬间，我觉得特别欣慰。"

谈起特殊儿童与正常儿童的异同，李林讲了一个故事。"几年前，我们参加一个大型的六一活动，很多普通学校的学生都表演了精彩的节目，他们穿着漂亮的衣服，化着漂亮的妆容，他们的爸爸妈妈在台下给孩子们鼓掌加油。当我们学校学生上台的时候，虽然没有爸爸妈妈的掌声和漂亮的服饰，但是他们表演的节目非常精彩，我在台下看得直落泪。从那时起，我觉着作为特殊教育工作者，我们不仅仅是老师，更是孩子们的家长。"李林对孩子的每一次关心，孩子们都会牢牢记在心里。"他们比普通孩子更懂得感恩，懂得爱。每次回家都会把家里人给的一些好吃的偷偷放在我桌上，他们不能说出爱，可是他们让我觉着温暖。"

2009年，学校的第一批特殊儿童走进了内地班，他们也成为了学校第一批残疾大学生。李林清晰地记得这个可以让她骄傲一辈子的事情。"职业教育是孩子的第二生涯，培养一技之长对于这些特殊儿童来说格外重要。"现在学校开设了房屋彩绘、盲人按摩、裁剪、唐卡绘画等课程。"我希望学校的高中能够早日建起来，这样孩子们的教学就可以一体化，我希望这些特殊孩子能够同正常儿童一样考大学，一样去就业。"

西藏大学的"园丁们"

白玛次仁，西藏大学副校长，在西藏从事教育工作24年，曾在西藏民族教育研究所工作。多年的教育工作让他看到了西藏教育的飞速发展，同时也不断关注西藏教育的改进。"旧西藏实行政教合一的封建农奴制，教育制度特别落后，以寺院为依托的宗教传承教育和少量的官办教育、私塾教育成为西藏传统教育的主要形式,并且被三大领主控制着。自西藏和平解放以来,才逐步建立起较为完善的教育体系。现在,西藏拥有1000多所各级各类学校,而在和平解放前,西藏没有一所现代意义上的学校。"谈起西藏教育变更,白玛次仁作为一个亲身经历者深有感触。"我自己能够读小学、上大学、参加工作,如果没有西藏教育的发展,也不会有今天个人的发展。当我作为教育工作者走进西藏的农牧区看到建设美观完善的校园时,总会从内心发出感慨。"

觉嘎,1963年生,在西藏大学艺术学院任教,从事作曲与作曲技术理论、音乐学教学和研究工作18年。曾荣获第一届最佳唱片榜年度奖——最佳民族作曲奖,西藏大学优秀科研成果奖(学术著作),西藏大学第21届学术研讨会优秀论文一等奖,西藏自治区教学成果二等奖。1995年,觉嘎放弃了在四川音乐学院工作的机会,回到西藏。"当时西藏还没有正式的关于西藏音乐创作的教育学科,我就决心在这方面做一些事情。"于是,觉嘎在西藏开办了第一批作曲专业,只有6名中专学生。通过觉嘎的努力付出,有4名顺利考上了中央音乐学院作曲系,成为中央音乐学院第一批藏族本科生。"现在他们都已经顺利毕业,还成为了西藏作曲教育和音乐创作的后备力量,他们对社会的作为值得我骄傲。"

"学生就是自己的孩子",觉嘎先后多次用自己的资金给学生们的考察采风、学术观摩提供帮助。2011年暑期,他带领作曲专业学生赴西藏阿里等地考查采风,行程4000多公里,通过采风,许多学生在音乐创作方面有了更多的领悟。这几年,他多次用自己的费用送学生去北京观摩北京现代音乐节,参加全国音乐分析学会学术研讨会等活动。"我一方面想开拓学生的艺术视野,另一方面也想让学生进一步认清专业和文化基础的重要性"。

时胜勋, 西藏大学文学院副院长。2012年4月,刚刚从北大博士后毕业后,就被直接选派到西藏大学任援藏教师。时胜勋是最年轻的援藏老师。他不仅抓学科建设,还负责抓岗位聘任制建设等管理工作。来西藏大学后,他看到许多老师——援藏老师及当地藏族老师——因高原缺氧发生流鼻血、失眠、没胃口、消化不良等身体的不适,有时甚至因为说话太多或太快而头昏,不得不休息一会儿或提前下课,更能体验到西藏大学老师艰苦奋斗的精神,更能体验老西藏精神。他本人刚来时，讲课非常有激情，过于耗费体力，"讲课过程中有时会突然感到头晕，"说到这，时胜勋憨厚地笑了笑说，"有了这样的经验，就明白工作中要保持平和的心态，身体健康了，才能更好地工作。"时胜勋常常工作到深夜。他说："来这工作不是享福，而是吃苦。"

西藏大学（图片来源：《讲述西藏》纪录片）

"80后"西藏小伙创品牌：把西藏贴在 T 恤上

阿江，一个"80后"的西藏小伙儿，他把眼里的家乡，分解成一个个有趣的符号，设计成与众不同的创意图案，制作到了 T 恤上。他说，只要用心，就可以看到并做出属于西藏但又有别于传统的东西。

2003 年从家乡考入北京大学的阿江，参加了许多学生社团。这些社团每年都举办很多活动，工作都是由学生自己动手执行。在社团里，阿江开始学会使用设计软件，并开始为社团制作海报。2007 年大学毕业的他，留在北京一家公司做市场。这是个与创意联系紧密的行业，需要不断创新。同时，在工作中通过接触许多一流广告公司、插画师等，让阿江对创意文化兴趣不断加深，设计能力也得以提升。 2011 年，阿江成立了"GAKAGA"品牌。他的想法是希望"GAKAGA"能够发展成为一个具备文化和商业影响力的创意流行品牌。当然支撑品牌最重要的就是藏文化。而他的设计，是想用新的角度来解读本土文化，要有乐趣，拒绝枯燥。

西藏小伙儿阿江和他的创意T恤（图片来源：中国西藏网）

"拉萨中巴退市，我把它做成了图案，一个老大爷从中巴车窗里面探出头招呼'堆龙、去堆龙'，这对拉萨人来说是非常熟悉但已经消失的画面，我通过T恤记录了下来。"阿江还介绍了很受当地年轻人喜欢的"李小龙"图案：李小龙招牌的呼叫变成了一句藏语，他解释，这是年轻人日常生活中特别常说的一句话，是"加油，大家一起努力"的意思。阿江说，这些图案都来自平时的观察，只要用心去看所有的东西，就能挖掘到许多西藏元素，像年轻人的口头禅、中巴退市、辩经、藏语、宗教手势等。他指着采访地点一家咖啡休闲吧，现场举例："你看这里的饭菜又贵又不好吃，但是来的人还很多，如果我把这种感受设计成一个图案印在T恤上，肯定也能引起一些人的共鸣。这就是我的创作来源。"

作为西藏新一代的年轻人，他对于藏文化的理解，现代且深刻。阿江说，每年休假回来一次，就觉得西藏现代化发展越来越快，商业活动的发展对于文化类产品的需求量也越来越多，但是现在西藏文化类产品供应市场水平层次不高，并不够繁荣。阿江说，自己想做这样一个本土文化创意品牌，时间、经验可以累积，创意这个行业也不受限于金钱。最关键的就是自己"很长时间能否保持这样一种热情"。"人活着，就要去创造比较美好的东西，为周边的世界创造一点乐趣。"正如他所取的品牌名字"GAKAGA",它们是所有人学习藏文首先要掌握的前三个字母,如同"英语A、B、C","汉语拼音a、o、e"一样,阿江说,学习知识就从它们开始,希望这个品牌如同小孩一般能保留这种童真的心理,能看到并传递乐趣与美好。

人大代表达娃:"80后"的珞巴族"致富明星"

林芝米林县琼林村的珞巴族人大代表达娃,原本是个普普通通的农民,如今已是当地响当当的"致富明星"。别看达娃还是个"80后"的年轻小伙子,但他已经是当地的村主任,更是有名的"致富能手"。达娃初中毕业后,就一直过着平淡的生活。他沿袭着祖辈的生活习惯,伐木耕田,日出而作,日落而息。从2002年开始,西藏自治区政府制定了一系列的"退耕还林"的相关扶持政策。达娃开始尝试种植核桃树。经过自身的努力,在良好的机遇下,达娃的辛劳汗水之后收获了丰硕的成果。

2005年达娃当选为当地的村主任,他带领乡亲们一起致富。在大家的齐心协力下,2011年,全村的集体收入达到18万元。乡亲们尝到了甜头,就欣然地接受了这样集体"吃旅游饭"致富的方式。2012年,琼林村被评为全乡第一个"万元户村"。达娃说:"集体致富有两个最明显的好处,一个是可以带动贫困户一起致富,二是集体做旅游,集体规划景点的建设,可以避免村民们各自为政的情况,也可以让那些乱搭乱建的景点建筑取消,不会破坏景区的整体景观。""致富不是终点,所以我们从收入里筹备了

林芝米林县琼林村的珞巴族人大代表达娃(图片来源:中国西藏网)

25万元,在村里建立了一个基金。专门用来帮助贫困家庭。帮助他们看病,帮助家里的孩子们上学。"达娃说。

作为第二次上两会的人大代表,达娃深知自己的每一个提案都是带着乡亲们沉甸甸的嘱托和期待。"在2013年的两会上,我的提案是寻找珞巴族说唱传承艺人,这样可以更好地保护特色文化。现在已经找到了两位具有典型性代表的传承人了,他们已经被评为自治区级的非遗传承人了。"

当别人称呼达娃为"致富明星"时,达娃总是很谦逊地说:"我只有初中文化,一切都是一边摸索一边学习。"目前,达娃和爱人也经营着自家的家庭旅馆,生活充实而富足。问及他的心愿,达娃说:"我希望自己的两个儿子能好好学习,这样,他们也可以更好地回报社会。"

藏族学生给奥巴马写信

背景介绍:2011年7月16日,美方无视中方坚决反对,安排奥巴马总统在白宫会见达赖喇嘛。这是时隔一年后奥巴马再次会见达赖喇嘛,此举严重干涉中国内政,伤害了中国人民感情,损害中美关系。中国外交部和驻美使馆当时在北京和华盛顿向美方提出严正交涉。2011年7月20日,中国西藏网发表了藏族学生加央平措写给美国总统奥巴马的信。

一名藏族学生写给美国总统奥巴马的信

尊敬的奥巴马先生:

您好!

我是来自中国西藏的一名普通藏族大学生,现在正在大学学习藏语言文学,同时也在学习西藏历史。和美国许许多多年轻人热爱美国一样,我也深爱着我的国家,我的家人,也珍惜着我现在平凡、幸福的生活。贵国是由白人、拉丁美洲后裔、黑人、亚洲人、美国印第安人和因纽特人等共同努力建起的"美利坚合众国",中国是一个统一的多民族国家,共有56个民族彼此融洽生活在960万平方公里的国土上,其中一个很重要的民族就是藏族。

总统先生,我很乐意以一名中国公民的身份,作为西藏年轻一代,怀着藏族人对家园的虔诚热爱,跟您讲述西藏的历史。20世纪50年代,考古学家对距今四千多年前的西藏昌都卡若遗址考古中就发现,当时西藏高原与黄河流域的文化内涵相通、发展水平相当,可见在公元前居住在西藏高原的先民就与生活在中原的人们有着千丝万缕的联系。公元7世纪初,唐朝建立了政权,西藏赞普松赞干布第一次统一了西藏各部,建立了吐蕃王朝,先后两次遣使到唐求婚,唐朝的文成公主进藏和亲,为西藏人带来了酿酒、碾磨、纸墨等先进生产技术,松赞干布被唐朝皇帝封为"驸马都尉"、"西海郡王"。元朝时期,西藏结束了地方割据,中央政府直接管理西藏地方事务。1247年,西藏萨迦派高僧萨迦班智达·贡噶坚赞号召西藏僧俗领袖团结起来归附蒙古汗国。元朝皇帝册封西藏萨迦派法王八思巴为帝师,总管全国佛教事务,并且设立专门的机构对西藏全面施政,开始通过任命官员、设置军政机构、派驻军队、封王镇守、清查户口、确定赋税、设置驿站等措施,确立了中央对西藏的完全主权。进入明朝后,对西藏的管理机构进行了调整和加强,将西藏地方各个宗教势力纳入统一的管理,藏传佛教中的格鲁派便兴起于明代,第三世达赖喇嘛本是格鲁派的一个寺院住持,明朝时,中央特别开例,准予他入贡,1587年封赐给他"朵尔只唱"的名号。清朝时期,顺治和康熙两位皇帝分别册封了五世达赖喇嘛和五世班禅喇嘛,还设置了驻藏大臣,建立了噶厦政府和噶伦制度。通过"金瓶掣签"制度确定活佛转世灵童的制度也形成于那个时期。中华民国成立后,立即宣布是和汉族、满族、蒙古族、回族、藏族等民族为一体的共和国,1940年,国民政府的蒙藏委员会委员长吴忠信来到拉萨主持十四世达赖坐床仪式,由中央颁布认定了他的身份。1949年初,国民政府还派特使参加了九世班禅转世灵童的庆典。中华人民共和国成立后,1951年,中央人民政府和西藏地方政府签订了《中央人民政府和西藏地方政府关于和平解放西藏办法的协议》,达赖和班禅都曾表示拥护这个协议,西藏实现了和平解放。

这些都是史实,有据可查,有理可依,西藏自古就是中国领土神圣不可分割的一部分。我今年23岁,是父母的第五个孩子,没有经历过苦难的生活。但是,我的父母都有着不太愿意去回忆的辛酸经历和往事。我们父辈习惯将他们的人生分为两部分:一部分是旧西藏的生活,一部分则是当下的新生活。旧西藏指的就是1959年之前实行上层僧侣和贵族专政的封建农奴制西藏,西藏也是世界上废除黑暗的封建农奴制度最晚的地方之一。我的父亲告诉我，那时候，西藏95%以上的人是农奴或者奴隶，受三大领主和贵族的奴役，他们可以随意转让和买卖奴隶，我父亲被贵族作为礼物送给了另外一个庄园主当苦力，人瘦得皮包骨，稍有怠慢，就要挨一顿皮鞭。而我母亲，也好不到哪里去，她因为不能忍受小贵族的欺压，加上不小心弄丢了一只羊羔，害怕被拉去抵命，从西藏北部草原一路往南逃跑，用了一个月，才找到了安身的地方。

后来，我通过电视、网络和老人们的讲述，对这段历史有了更加深刻的了解，虽然没有经历过，但每每想起，都感到后脊背阵阵发凉。1959年，西藏上层统治集团想保持农奴制度，反对改革，发动了武装叛乱，之后达赖叛逃国外。西藏也开始了民主改革，我的父母分到了牛羊和土地，有了自己的房子，可以安心地走在大街上，而不用担心鞭子的抽打。我母亲常常讲到的一个镜头是，实行民主改革时，曾经的农奴和奴隶载歌载舞将卖身契、地契等点燃烧掉，庆祝新生活的到来。

总统先生，我知道，美国有不少爱心人士很关心西藏，他们当中不少通过基金会等形式给西藏人民提供技术和资金上的帮助，改善学生的教室条件和生活环境，如果，您也是个关注西藏的人士之一，首先我代表所有的藏族人民，向您表示诚挚的感谢。但是，总统先生，您真正知道藏族人民需要什么样的关心吗？达赖叛逃国外50多年来，背弃最初的爱国立场，鼓吹"西藏独立"，组建叛乱武装，造谣诽谤、策动骚乱，多年来，我们的幸福，他视而不见，他自称是藏族人的代言人，但是，我们不同意！

我是从新闻上知道您会见达赖这一消息的，对此我很难过，如果我没有记错，这是您在任期内第二次在白宫与达赖见面。从国家层面来说，这是美国在严重干涉中国内政，是损害中方核心利益和中美友好关系。对于西藏来说，这一举动，也在伤害我们西藏人的感情。您这一举动，已经惹怒了包括藏族人在内的13亿中国人，千千万万的年轻网友通过网络表示出了他们的愤慨，其中就有我和我的同学。我的同学这两天讨论的话题就是："美国想干什么？想让我们回到那个吃人的旧社会吗？"

总统先生，西藏有着悠久的历史，是人间净土、被来自全球各个国家的游客称作"天堂"和"梦中的香巴拉",是很多人毕生最想去的旅游胜地之一。美丽的西藏和善良淳朴的西藏人始终是用开放的心态迎接每一位来客的。但,这并不意味着,西藏可以成为西方政客手中一张"需要时想出就出的牌",国家不会坐视不管,全中国人民也不会同意,从这两天的抗议您应该感觉到了。历史上,西方列强借"西藏独立"妄图瓜分中国领土的阴谋破灭了;当今,西藏也不可能成为某些国家和势力借"西藏独立"来打击中国的"杀手锏"。

总统先生,就像您在公众演讲中常常提到的"给人以尊严"一样,西藏也有自己的尊严,这种尊严,不容侵犯,是藏族人能够容忍的底线。您是美国第四十上四任总统,应该了解贵国19世纪爆发的南北战争,使美国实现了统一,全国各地不再施行奴隶制度,从而走向现代化发展道路,中国同样如此。时代在前进,历史的车轮不会倒转。西藏和平解放60年以来,一直保持了它的纯净和圣洁,既有雪山、蓝天和辽阔的草原,也有着充满着现代化气息的城市和四通八达的交通网络。在60年前,像我这样的奴隶后代是没有机会上学的,更别说在高等学府里。那时候,只有几所专供贵族子女上学的私塾,现在,西藏有自己的幼儿园、小学、初中、高中和高等学府,有专门培养藏医的藏医院和培养农牧人才的农牧学院。从小学到初中,我都享受着国家制定的包吃、包住、包学习费用的优惠政策。我的爸爸妈妈过去没有机会学习文化知识,他们希望我多学习藏文化知识,将优秀的藏族传统文化传承下去。我也是这么想的。如今,我会说藏语、汉语和英语,能熟练用藏文输入法在电脑上写文章,时常通过MSN和大洋彼岸的外国朋友交流和聊天。我只是几万名西藏大学生中普通的一员。

这些年,藏民族里面涌现了一大批优秀的人才,有些可能您早有耳闻,如著名的登山家潘多、曲艺家土登、西藏第一位女教授强俄巴·次央等,还有很多藏族人在政治、经济、文化、科技、教育、环保等领域多有造诣,他们为建设自己的家园和一个更加美好的明天努力着。

总统先生,我还有很多话想说,限于篇幅,就此打住了,真诚希望将来有机会,您能亲临西藏走一走、看一看,我将自告奋勇推荐自己当您的向导,向您介绍西藏的风土人情。您一定会在西藏认识真正的藏族朋友,他们会在草原上给您表演西藏传统歌舞,邀请您去家中做客,请您喝上一杯我们自己酿制的青稞酒，西藏人的幽默乐观并不亚于美国人，将会让您流连忘返。

最后，向美国人民问好，也向您及您的夫人献上藏族人最真诚的祝福：扎西德勒！

加央平措
2011 年 7 月 19 日

三、编辑视点：西藏教育的面貌已今非昔比

从能上学到上好学，西藏的教育正经历着这样的转变。教育作为最大的民生工程，一个个精确实在的数据背后，串起的正是一篇篇细致温暖的民生文章。

西藏教育的面貌已是今非昔比。一些统计数字以最直观的方式呈现出了这种变化。1951 年和平解放以前，西藏没有一所现代意义上的学校。适龄儿童入学率不到 5%，青壮年文盲率高达 95%。截至 2014 年，国家累计投入西藏教育经费 858 亿元。西藏适龄儿童入学率达到 99.2%，青壮年文盲率下降到 1.2%。西藏拥有普通高等教育院校 6 所，各级中学 122 所，小学 872 所，各类在校学生达 50 多万人。从 1985 年起，国家对西藏义务教育阶段的农牧民子女采取"包吃、包住和包学习费用"的措施，每年投入"三包"费用 14 亿元，全年教育经费投入 57 亿元。

作为西藏高等教育的旗帜，西藏大学从最初的帐篷学校到现代化的大学校园，从单一的师范专业设置到学科门类齐全的综合性大学，从主要依靠援藏教师办学到拥有自己的教授、博士生导师等师资队伍。几十年间，西藏大学发生了翻天覆地的变化。今天，这所建立在"世界屋脊"上的高校，已经具备了十分开放的国际视野，也正在努力探索出一条在极具特殊性的高原民族地区办好高等教育的路子。

今天的西藏已经建立起一个涵盖幼儿教育、中小学教育、特殊教育、职业教育、高等教育和成人教育在内的完整的现代教育体系。这是这片土地上一个意味深远的变化，未来的希望孕育其中。

在现代西藏教育的培养下，当自信而张扬的音符在高原上唱响，你无须怀疑，这就是新一代的年轻人正在绽放的理想。传统与现代并不对立，在西藏，还有一些年轻人正在为继承自己的民族文化努力着。这就是今天的西藏，生活的富足，让他们更关注内心世界的充实。在这片经过时代洗礼后的土地上，人们拥有了选择梦想的自由和实现梦想的机遇。许多藏汉双语兼通的年轻一代藏族人，正用自己的方式，为西藏文化的继承和发展注入新的活力。

四、背景知识：西藏现代教育

昌都地区实验小学欢乐的孩子们（图片来源：中国西藏网）

"三包"教育政策

"三包"教育政策是国家专门针对西藏制定的一项特殊民族教育政策。从1985年起,国家就对西藏农牧民子女在免费接受义务教育基础上,实行了"包吃、包住、包学习费用"的"三包"政策。正是这一政策的推动，极大地调动了农牧民子女上学的积极性，积极推动了西藏基础教育的发展，减轻了农牧民的负担。

实行"三包"政策以来的十几年里，中央和西藏不仅先后数十次提高"三包"标准，同时进一步扩大享受范围。2012年，西藏在全国更是率先实现包括学前教育3年、小学6年、初中3年、高中3年的15年免费教育，惠及学生52万余人。

在西藏基层采访过程中，提起"三包"教育政策，家长无不对其交口称赞，甚至很多人都说，孩子在学校的生活比家里还要好。正是得益于"三包"教育政策，使得无数寒门学子上得起学，也使得西藏和平解放60多年来，西藏现代教育事业在极其薄弱的基础上，以大大高于全国平均水平的速度发展。

内地西藏班

在中央政策的指导和教育大环境的辐射下，西藏班办学、招生规模不断扩大，办学类型、层次趋于多元，显性作用明显。其为西藏社会经济建设储备人才，教育辐射的功能逐步显现。1989年，首届内地西藏班初中生毕业，进入中等技术专业学校862人，300名学生进入高中学习。

1994年7月，国务院召开第三次西藏工作会议，再次强调要不断改善内地西藏班办学条件，用好教育援藏补助经费。会后，国务院办公厅转发了《关于进一步加强教育援藏工作的指示》，国家教委印发了《关于进一步加强内地西藏班工作的意见》和《内地西藏中学班（校）管理实施细则》、《内地中等专业学校西藏班管理的若干暂行规定》，使内地西藏办学日益规范化、制度化。

从1989年开始，内地许多高等院校、中专学校分别招收西藏高中毕业生、初中毕业生，根据实际情况采用单独编班和混合编班等多种形式教学。自此，西藏教育在办学体制上形成了区内外办学相结合的教育模式。

内地西藏学校数量从1985年的12所增加到2014年的32所，遍及全国20个省、市，广东则达4所之多。"十一五"时期，全国共有20个省（市）的28所学校开办内地西藏班，有58所内地重点高中、120多所高等学校招收西藏学生，内地西藏班在校总人数达到21800人。

2010年后，西藏班的形式不仅仅局限在初、高中范畴，而是随着国家教育的整体规划向职业培训、高等教育等方面倾斜。2013 年西藏白皮书数据显示，截至 2013 年，全国已有 48 所国家级示范中等职业技术学校、170 所高等学校招收西藏班学生。总体来说，累计招收初中生 42040 人，高中（中专）生 47492 人，高校本专科生 16100 人，内地西藏班（校）在校生总数已达到 42460 人。

西藏全面实现 15 年免费教育

从 2012 年秋季学期开始，西藏启动实施城镇学前教育免费政策，加上之前西藏已实行农牧区学前教育、城乡义务教育和高中阶段教育免费政策，标志着西藏全面实现了 15 年免费教育——学前 3 年、小学 6 年、初中 3 年、高中 3 年。

西藏启动实施城镇学前教育免费政策范围及对象包括城镇幼儿园（含民办、其他部门办）在园幼儿，年生均免费标准达 3600 元。其中，包括保教费 3000 元，交通费 350 元，幼儿读物费 100 元，被褥折旧费、美工本费、水彩笔费、餐具费等杂费 150 元。

西藏青年的发展

如今西藏青年已经成长为西藏经济社会发展的生力军，在各行各业发挥了不可替代的重要作用。据统计，目前西藏青年有 80 多万，在西藏经济建设的各个领域中，青年已经成为中坚力量。

随着西藏社会的不断发展、变化，西藏年轻人接触外面世界的机会不断增多。电视、电影、互联网、报纸等现代传媒手段把西藏与外面的世界连接起来。

而随着对口援藏政策的深入，藏族青年可以选择走出西藏，到内地城市就业深造。据统计，自 2012 年 2 月就业援藏正式启动以来，各援藏省市、援藏央企为"西藏户籍"高校毕业生提供就业岗位 1.7 万余个，共有 2800 余名西藏籍高校毕业生到区外实现就业。

西藏就业优惠政策

自 2006 年，西藏开始实施高校毕业生就业制度改革，大学生走向就业市场进行双向选择，西藏自治区出台了一系列就业帮扶政策，引导大学生就业流向。为彻底解决好大学生就业问题，2011年，西藏还出台了西藏籍大学毕业生全就业的新政策，这一政策在全国是独一无二的，通过增加就业岗位、实施就业援藏、落实优惠政策等方面，多渠道、多途径促进高校毕业生就业，当年，西藏应届高校毕业生共12407人，就业12302人，剩余105名毕业生选择了继续深造，而2013年，西藏确保了西藏籍应届高校毕业生实现全就业。

西藏大学学生（图片来源：中国西藏网）

在财税方面，为鼓励和支持西藏高校毕业生自主创业，西藏高校毕业生自主创业，可申请5万元以下小额担保贷款，在贷款期限内由自治区财政全额贴息；对合伙创业的可给予最高100万元的累加小额贷款；从事个体经营的高校毕业生可免交3年的登记类、管理类和证照类的各项行政事业性收费，从事农牧区经纪人职业的毕业生，可免交5年的工商管理费用。

此外，西藏还大力开发特定公益性岗位，凡是有意愿在公益性岗位上工作的大学生，都将全部给予安置。调查数据显示，越来越多的西藏大学毕业生表示愿意到内地就业，对此，全国政协委员、西藏大学经济管理学院院长图登克珠委员说:"藏汉之间的交流越来越多,民族关系就越来越融洽。在这些地方锻炼后,会成熟很多,更有经验。"他认为,西藏籍大学生到内地就业有助于锻炼和提高西藏大学毕业生的素质,更好地为建设西藏和国家服务,并对各民族团结和社会稳定起到积极作用。

科学教育事业迅猛发展

2013年《西藏的发展与进步》(西藏白皮书)显示,在旧西藏,除藏医、天文历算外,现代意义上的科研机构和科研人员处于空白。目前,西藏拥有国有独立科研机构33所,民营科研机构10所,自治区、地(市)、县(市、区)三级农牧业科研和技术推广机构184个,国家级和自治区级农业科技园区、重点实验室29个,国家级高新技术企业27家,自治区级科技型中小企业46家,国家级创新型企业和企业技术中心5家。目前,西藏有专业技术人员56264人,其中,少数民族43552人,占总数的77.41%;高级专业技术人员2870人(包括1名中国工程院院士、244名享受政府特殊津贴专家、16名有突出贡献中青年专家、3名国家杰出专业技术人才),中级专业技术人员13869人,初级专业技术人员36216人。他们在农牧业生产、工业生产、藏药产业、新能源、旅游业、文化创意、民族手工业等领域的科技创新和成果转化方面发挥了积极作用。2012年,科技对经济增长的贡献率达到35%,对农牧业增长的贡献率达到42%,科学技术普及率达到85%。

在旧西藏,接受教育的绝大多数是贵族子弟,占总人口95%的农奴和奴隶没有受教育的权利,青壮年文盲率高达95%。现在,西藏已建立起一个涵盖学前教育、基础教育、职业教育、高等教育、成人教育、特殊教育等完整的现代教育体系。从1985年开始,实施对接受义务教育阶段教育的农牧民子女包吃、包住、包学习费用的"三包"政策,先后12次提高补助标准,惠及51.04万人。2007年,在全国率先实现9年免费义务教育,2012年又在全国率先实现15年免费教育(学前教育3年、小学6年、初中3年、高中3年)。截至2012年底,据西藏自治区统计局《西藏自治区2014年国民经济和社会发展统计公报》显示,截至2014年,西藏全区普通高等教育院校6所,在校生34902人。当年毕业生9399人,其中:研究生290人,普通本专科9109人。

中等职业学校9所，在校生16719人。中学125所，其中高级中学25所，完全中学7所，初级中学93所，高中招生18398人，在校生55669人，毕业生16182人；初中招生42697人，在校生124295人，毕业生41873人。小学829所，招生50885人，在校生295142人，毕业生46306人。特殊学校招生115人，在校生656人。年末幼儿园在园幼儿81123人，比上年增加7718人。全区小学学龄儿童入学率达99.64%，比上年提高0.05个百分点。

第五章
经济奇迹造就幸福西藏

"天路带我们走进人间天堂,青稞酒、酥油茶会更加香甜,幸福的歌声传遍四方",这就是今天西藏很多人平凡而真实的生活,我们将要讲述的是这片土地上一些关于经济发展的故事。独特的环境造就了他们坚韧的品格,在新的时代机遇面前,梦想和挑战激励着他们。这是关于他们的故事,而在他们的背后,彰显的其实是这块土地上正在发生的变化。

一、讲述：雪域的财富与繁荣

八廓街（图片来源：中国西藏网）

到了西藏拉萨，如果你问当地人，在哪里可以买到最好最正宗的藏族物品，无论是佛教法器、衣着，还是专为游人设计的礼品、商品，你得到的答案将无一例外是"八廓街"。八廓街位于拉萨市旧城区，街道较完整地保存了古城的传统面貌和居住方式。这是拉萨一条环绕大昭寺的古老的转经道，已经有一千三百多年的历史，被人们称为"圣路"。每天清晨，大昭寺门前桑烟弥漫，虔诚的信徒开始朝圣。

八廓街像一个周而复始的圆，没有起点，也没有终点，按照顺时针方向，转经人和游客可以随意从某一个点切入，也可以随便在哪一个点上离去，一切顺其自然。朝圣和旅游，商业与贸易，交流与沟通，正在迅速地影响和改变着人们的生活和思想观念。八廓街两旁的藏式商品琳琅满目，现在的八廓街有数百家手工艺品商店和售货摊点，2000多个商户，近万种商品，不仅繁荣了八廓街的旅游商品市场，商户们也因八廓街旅游业的繁荣，得到了更多的实惠。

1. 拉萨八廓街上的财富故事：千年转经路到繁华商业街

八廓街唐卡店老板普次（图片来源：《讲述西藏》纪录片）

热闹的街区也有安静的地方，在八廓街的一角，有一家利民唐卡店，店主的名字叫普次，和其他店面不同，普次店里的唐卡都是自己的作品。从早到晚，普次闹中取静，总是稳稳地坐在画布前，一笔一笔勾勒着美妙绝伦的佛像，对门外街头的喧嚣充耳不闻。说起画唐卡的经历，普次最为自豪的是，在大昭寺的壁画里，有自己亲手绘制的佛像。

普次绘制唐卡（图片来源：《讲述西藏》纪录片）

普次认为，教育徒弟要从德行教起，从基本功开始，他手把手地教画，对徒弟要求很严格，按照他的说法，画唐卡时不能分心，这也是表达对佛的敬意。普次说，我最大的愿望就是这两个徒弟都学好画，让他们成为有用的人才。

画一幅唐卡需要很多时间，普次作品不多，自然不能大量销售，开店快八年了，他没有像其他商贩一样挣很多钱，但是普次对自己的生活和创作非常满意。"虽然说我的生活上面没那么富，但是心还是平静的，那就是幸福，我就是这样理解的。"普次说。

唐卡艺人绘制唐卡（图片来源：《讲述西藏》纪录片）

唐卡有一千三百多年历史，相传第一张唐卡为当时的吐蕃赞普松赞干布用鼻血所画，最早唐卡是用布或牛皮作材料，方便游牧民供奉和僧人讲经。唐卡的主要颜料是各种天然矿石粉，以及藏红花等植物颜料，描金、铺金则全部使用的是金箔磨成的颜料。天然原料的使用保证了所绘唐卡历久弥新，和敦煌壁画一样经过几百年甚至上千年的岁月仍然色泽鲜艳。因唐卡画的大量需求，如今的八廓街，唐卡艺术画廊多了起来，培养了大量的民族手工艺传人，甚至还吸引着来自国内外的画匠、艺术家前来学习。由此，西藏传统民族文化技艺得到传承、发扬和传播。在八廓街，有许多抓住了致富机遇的手工艺人，他们不仅让传统的民族手工技术得以传承，同时也实现了自己的财富梦想。

来自山南的多吉 15 岁开始学画唐卡，凭借早年积累的美术基础，他开办了一家木器作坊，手下的学徒有 20 多人。眼下，他们正在为那曲地区的一座寺庙赶制装饰品。这是一笔 30 万元的订单，多吉说，等这笔订单做完，他或许就可以再扩张一下小作坊的规模了。随着西藏文化的持续升温和旅游业的持续发展，多吉相信会有更多的发展机遇。

去八廓街，有一个地方一定要去看一看，那就是玛吉阿米餐吧，据说六世达赖仓央嘉措在寻找度母女神的时候，在这里看到了一位绝美少女，随即写下了动人的诗篇，玛吉阿米的故事给八廓街增添了一些浪漫和神秘的传奇色彩。店主康巴汉子泽郎王清，从 1998 年开始，就把藏族的文化带给更多的人。如今，他的愿望实现了，泽郎王清在拉萨、昆明和北京都拥有自己的餐厅，餐厅的名字叫玛吉阿米。

玛吉阿米的传说（图片来源：《讲述西藏》纪录片）

玛吉阿米餐厅最吸引顾客的就是浓郁的藏族风情，每天晚上的歌舞表演总能把餐厅的气氛推向高潮。泽郎王清一直坚持玛吉阿米的藏族特色，有了藏文化的烘托，玛吉阿米才是生动和丰富的。有人说，玛吉阿米就像一个展示西藏文化的私人博物馆。留言簿是泽郎王清特意为顾客设计和装订的，用的是藏族土产的纸张。在旅程中歇脚的游客在留言簿上写下了对餐厅的印象和对西藏的感受。日积月累，十年的时间里，有十几万名客人在留言簿上留下了各种文字和各种笔迹。

玛吉阿米餐吧（图片来源：中国西藏网）

脚下踩着手工打磨的石块，闻着大昭寺前香香的桑烟，八廓街的深巷、商铺、藏式民居交相辉映，古朴而又神秘，今天的八廓街，开放、繁荣，不同的文化在这里撞击、交融、碰撞着奇异的火花，八廓街，相信一定会让你心动。

西藏八廓街异乡人：在拉萨生活很幸福

走在八廓街上，时常可以听到从收音机里传来的广播声，这是商贩在闲暇之余，了解外界信息的一种方式。顺着收音机的声音，记者来到了八廓街的一个摊位，这里所占位置不大，但是收音机、手表、插卡小音箱、望远镜、计算器、万能充电器等货品一应俱全。摊主是来自甘肃临夏的马先生，回族人，

八廓街摊主马先生 （图片来源：中国西藏网）

从1999年到拉萨来做生意至今已将近15年了。

马先生说，他在拉萨卖手表、收音机等小商品这么多年，收音机已经成了他生活中的一部分。在西藏可以听到多频率的广播，通过听广播了解各地的新闻。据他介绍，购买收音机和望远镜的顾客大都是来自其他地区的农牧民，他们在放牧的时候随身带着收音机，可以了解农牧业信息，非常便利；放牧时带着望远镜可以方便地观察牛羊群的活动。而比较多的藏族年轻人则喜欢购买手表和插卡小音箱。藏族是一个能歌善舞的民族，他们有了小音箱，不仅可以随时听到优美的音乐，更可以在家里唱歌跳舞。马先生说："在拉萨做生意尽管累，但心里还是非常高兴的。现在每年有两万元左右的纯收入，也学会了一些简单的藏语。"现如今，他已经把家人全部接到拉萨生活了。

西藏亿万富翁的故事

50年前，西藏的现代工业是一片空白。如今，这里已经初步形成了富有西藏特色的现代工业体系。在这个充满活力的新的高原上，涌现出了时代的弄潮儿。

群培次仁，西藏历史上第一位亿万富翁。他的企业名字叫达热瓦，在藏语里，达热瓦的意思是为农奴主牧马的人，而这也正是群培次仁的出身。群

西藏仁布县达热瓦集团董事局主席群培次仁（图片来源：《讲述西藏》纪录片）

培次仁说："创造和拥有这么大的财富，在旧西藏是不可想象的。"

早在1982年，具有一定木工技能的群培，在日喀则仁布县仁布村组建了仅有13人组成的"小包工队"。起初，他们在村里帮助当地群众修建一些简易的土坯砖房和给老百姓家里修围墙。几十年来，群培次仁带领的"小包工队"，渐渐地发展壮大，从无到有，从弱到强，如今摇身发展成为集房屋建筑、公路、水利、水电、房地产开发等为一体的大型集团化企业，成为西藏民主改革后，尤其是改革开放以后，在西藏发生的许许多多奇迹之一。

西藏日喀则达热瓦驾驶培训中心（图片来源：中国西藏网）

群培次仁的西藏仁布县达热瓦企业集团是以建筑业为主,多种渠道、多项并举,先后建立了西藏达热瓦建设工程有限公司、西藏达热瓦房地产有限公司、西藏农牧业特色产业实业有限公司、西藏达热瓦青稞酒业有限公司、西藏达热瓦大酒店、西藏达热瓦汽车监测有限公司、西藏日喀则达热瓦驾校培训中心、西藏达热瓦日喀则游乐城等,公司经营在很大程度上,增加了农牧民的现金收入,解决了待业青年的就业机会。

他回忆说,在他小的时候,家里人口多,生活十分贫困,每一天都过着添不饱肚子的苦日子。"也许因为小时候的日子太苦了,现在看到自己的生活慢慢富裕起来的时候,也时常想起家乡还没有富裕起来的贫困家庭和困难群众。"群培次仁和他的达热瓦企业,在藏区已经家喻户晓。也就是这样的一位乡镇农民企业家,以敏锐的眼光,觉察到一个个鲜活的商机,攻破一道道难题,把企业变得日益壮大。也许是作为一个企业家的责任感,迫使他不能停下前进的脚步,继续在谋发展。

藏族企业家达瓦顿珠(图片来源:《讲述西藏》纪录片)

另一位成功的藏族企业家达瓦顿珠,用了20年的时间,完成了从村办教师到龙头企业董事长的转变。1983年,达瓦顿珠辞去公职,在当时经商气氛极为淡薄的西藏,他却感受到了财富的气息。他贷款两万元,买了一辆汽车。80年代的西藏,汽车非常稀缺,达瓦顿珠跑了5年运输,掘取了他创业的第一桶金。但这是非常艰苦的5年。

达瓦顿珠回忆，他开车时候翻过两次车，坏过两次车。最难的一次在海拔 5100 米的米拉山口，车坏了，只有一个人，足足等了三天，差一点就冻死了。1987 年，达瓦顿珠卖掉卡车，开始跟着一位兰州老板学做生意。三年的马仔生涯，换来了自己做老板的资历。就这样，从个体户做起，再到基建行业，农产品开发，最终建立起总资产达 4 亿元的集团公司。当时的达瓦顿珠毅然辞掉了被认为是"铁饭碗"的教师工作，迈出一条属于自己的致富之路。经过几十年的经商打拼，1997 年，达瓦顿珠已拥有约 1000 万的资产，看准西部大开发基础建设的机会，他成立了一家建筑公司。如今，其集团底下拥有开发特色农产品加工的西藏圣鹿科技农业公司，以及建筑公司等三个子公司。达瓦顿珠说，他的目标是能进入中国百强民营企业。

今天的西藏，这样的财富故事依然在延续着。

荣誉等身的群培次仁还是保持着农民的本色。衣着朴素，为人谦逊低调。随着财富的积累，他逐渐参与到社会公益事业中来。从 1996 年至今，他累计捐款 500 多万元。他规划着自己新的事业，那是他手里的这份蓝图——万亩农业生态产业园区。建成后，它将成为西藏最大的农业生态园。群培次仁说，这将是他一生中最为得意的项目。

而达氏集团董事长达瓦顿珠正酝酿着下一步的企业转型，他的目光投向了珠峰的矿泉水开发。这会是世界上海拔最高、品质最好的矿泉水。在上海世博会期间，珠峰冰川矿泉水进入了中国国家馆。达瓦顿珠说，我的最终目标把我的这个民族产业做成世界品牌，能把和平解放 60 多年的和改革开放 30 多年的经验用到企业上。

质检人员正在对 5100 冰川矿泉水进行检验（图片来源：中国西藏网）

十世班禅大师加持的西藏民族企业发展史

在西藏有这样一家公司——早期有着全藏冬虫夏草和山羊绒的出口经营权,如今生产着世界三大名毯之一的藏毯,制作的藏式家具畅销,旗下拥有运输车队、四星级宾馆、唐卡绘画组,发展成为综合性经济实体并且连续两年被评为出口业绩第一名。这就是第十世班禅大师确吉坚赞亲自倡导组织下成立的西藏刚坚发展总公司。1987年5月12日,为减轻国家经济负担,达到"以寺养寺"目的,经国务院及西藏自治区人民政府批准,刚坚公司正式成立。总公司设在历届班禅大师驻锡地——扎什伦布寺内,隶属于扎什伦布寺民主管理委员会,现已成为海内外较有实力和影响力的寺庙所属企业。

现任西藏刚坚发展总公司常务副总经理的堆苏·达娃旺堆,1964年出生于西藏日喀则地区谢通门县的一个农奴家庭。因为家境贫寒,没有读完小学一年级的达娃旺堆不得不辍学,但勤奋好学的他从未停止求学。通过对照借来的《藏汉对照字典》,达娃旺堆用藏文注音汉字的方法一步步学习汉语。12岁开始,他向本地技艺好的木工学习基本工艺,聪慧灵通加上刻苦钻研的他逐渐成为有名的木工师傅。

西藏自治区党委书记陈全国接见非公有制人士,与达娃旺堆亲切握手(图片来源:中国西藏网)

1985年他得到了十世班禅大师的垂青，成为了西藏刚坚公司的一员。从21岁起，达娃旺堆在十世班禅身边工作、生活了4年，大师的耳提面命、言传身教对他的成长产生了深远的影响，使他的思想和行为渐渐成熟起来。达娃旺堆对大师一直以来对自己的器重心存感激："那个时候虽然没有任何经济收入，但是只要能在大师身边就是一件非常幸运的事情。回忆起和大师在北京的日子他特别激动，骑着大师送给他的飞鸽牌自行车绕北京城骑行是他人生中无法忘怀的一个美好回忆。"在班禅大师的威望和领导下，公司一直发展得特别好。随着公司规模的扩大，慢慢地，在北京、深圳以及国外的加德满都等地也有了自己的市场。因为丰厚的利润，不仅很多老百姓愿意和大师合作，连当时世界银行也愿意无限额贷款给班禅大师。

　　然而在1989年班禅大师圆寂之后，许多和大师合作的优秀人才纷纷离开公司，公司一下陷入瘫痪状态。达娃旺堆也曾无数次想过离开，但一想到大师生前的遗愿，想到大师对自己的栽培和为此注入的心血，他最后决定重整旗鼓，无论如何要将班禅大师奠基的事业发展下去。

　　经过他的不懈努力，许多人开始重新支持他，刚坚公司也慢慢有了起色。由于长时间与大师的朝夕相处，达娃旺堆从大师身上也学到了许多为人处世、经营管理的理念。虽然担任刚坚公司常务副总经理后，他肩上的担子更重了，但他不骄不躁，一步一个脚印踏实工作。在公司起初发展的民族手工业、唐卡绘画、木工、缝纫和银匠的基础上，他还尝试发展旅游、餐饮、车队等。

　　在达娃旺堆的经营下，在进出口外贸行业市场不太景气的情况下，刚坚公司外贸蒸蒸日上，进出口贸易年年提高。1993年至1996年，刚坚·深圳公司主要从欧美、新西兰、澳大利亚进口钢材、羊毛、汽车，同时出口西藏土特产，每年为公司创造利润1000多万元。2003年至2009年连续七年平均实现进出口贸易1500多万美元，连续七年被西藏自治区商务厅评为全区进出口业绩第一的荣誉称号。公司所获得的利润全部交给扎什伦布寺，解决全寺1000多名僧人的温饱问题，已基本做到了"以寺养寺"，并解决了所有员工的医疗和养老保险，遵守了大师的宗旨，延续了大师的梦想。达娃旺堆说，他会以自己最大的努力去发展好刚坚公司也是为了回报这些对大师不离不弃的人。

　　达娃旺堆说，"刚坚"就是雪域之荣的意思。在新的征程中，他将继续努力为刚坚公司这个民族企业的发展竭尽所能,为家乡的经济发展倾尽全力,为民族企业的发展做出贡献,使刚坚公司真正成为雪域高原人民的荣耀。

普通百姓的幸福生活

拉萨,传统与现代交融。壮美的布达拉宫,虔诚的转经人;川流不息的车辆,琳琅满目的商品。在这个洋溢着藏族风情的现代都市里,每一个藏族人都在为自己的理想奋斗着。他们正以勤劳的姿态,追寻着属于自己的幸福生活。

普通百姓的生活融入了现代的生活方式,但闲暇的时候,到一家地道的藏餐厅,喝一壶奶茶,吃一碗藏面,仍然是必不可少的。年轻的次仁是这家藏餐厅的老板,他从小就在舅舅的餐厅里帮忙做事,积累了经营餐厅的经验。次仁从2007年开始经营餐馆。他经营餐厅有着自己的秘诀,那就是用原汁原味的藏族美食吸引顾客。这里的奶茶和藏面用最传统的方式加工制作,在越来越多的新式餐馆中,次仁沿袭传统风味的餐厅反而别具一格。经过几年的努力,餐厅慢慢得到了顾客们的认可,生意也越发红火。次仁说,每天的营业额四五千万左右,一年的利润差不多有一二十万。顾客们大多是附近的街坊邻居,次仁经常会跟熟悉的老顾客聊上几句。对他来说,经营餐厅并不单纯只是为了收益,而是一种生活方式。在这里,他可以跟熟悉的朋友、邻居们经常见面,他喜欢这种感觉。

一碗藏面成为众多上班族和普通老百姓一天幸福的开始(图片来源:中国西藏网)

包装精美的藏香礼盒 （图片来源：中国西藏网）

在西藏这片变化的土地上，富裕起来的是一个群体。

拉萨市城关区纳金乡塔玛村曾经是一座贫瘠的小村庄。10年前，这里信息闭塞、交通不便、贫穷落后的小山村，村民过着"收入靠种田、养猪为过年、养只鸡鸭换油盐"的贫困生活。

时代的机遇唤醒了村民致富的梦想。塔玛村采取村民入股的方式，兴办了集体企业。拉萨市城关区纳金乡塔玛村党支部书记格桑卓嘎说，2010年，整个塔玛村的人均收入是8460元，生活水平大大提高。

村民格桑罗布兴办了藏香厂。厂房很简陋，但严格的传统配方让他的产品赢得了良好的口碑，现在年利润将近40万元。在过去，对于塔玛村的每个村民而言，这都是难以奢望的事。格桑罗布说，现在自己家里汽车、电话、网络，啥都有，比以前好多了。

普通百姓的富裕之路，不只体现在城市里，生活在农牧区的人们也在努力实现着自己的财富梦想。达孜县德庆镇的白纳村，是西藏著名的锻铜佛像造像点，这里的造像技术有着100多年的历史。佛像制作的整个过程全部是手工制造，所需的工具多达130多种，完成一尊佛像要经历50多道工序。

现代的西藏城市新貌（图片来源：《讲述西藏》纪录片）

米玛洛桑13岁就开始跟着长辈学习这门手艺了，经过15年的努力学习，掌握了全套手艺的米玛洛桑，在2004年创办了这家小型的锻铜造像厂，现在的学徒已经有29个。

米玛洛桑和徒弟们每天都很忙碌，他刚刚接下了一笔大订单，这是一个400多万元的合同。在接下来的4年里，他们要打造一尊高达22米的佛像。另外，他还承接了一些其他地区的小订单，全部订单要在六年以后才能完成。现在，工厂每年的纯利润有30万元。

对于米玛洛桑来说，他现在经营的这家小工厂，不仅给自己带来了丰厚的收益，同时也让前辈们精湛的工艺得以传承。

二、故事：西藏人民致富背后的故事

我们将要讲述的是这片土地上一些关于财富的故事。独特的环境造就了他们坚韧的品格，在新的时代机遇面前，梦想和挑战激励着他们。这是关于他们的故事，而在他们的背后，彰显的其实是这块土地上正在发生的变化。

旺久多吉 （图片来源：中国西藏网）

德木·旺久多吉眼中八廓街的过去和现在

  旺久多吉，1949 年出生在拉萨，是十世活佛德木的次子，旺多回忆他小时候的八廓街，那时候的八廓街既是宗教场所，同时集中了拉萨所有的商业活动。记得每年的传召大法会，就在八廓街大昭寺进行，藏历正月初四下午开始，几万个喇嘛聚集在八廓街。其间，一般百姓都尽量少去八廓街，因为在那个年代，喇嘛们是横行霸道的。八廓街那时卖什么的都有，包括各式各样的枪，尼泊尔店里还卖手表，有劳力士、英纳格。来自伊斯兰、尼泊尔、藏东地区、藏北地区和内地商人都来此做生意。

  由于历史久远、建设时间长、规划不规范，加上拉萨市气候昼夜温差大、高原冻害严重的实情，八廓街的老城区路面破烂不堪、凹凸不平，泥泞难行；消防通道不畅通、设备少，存在着严重的消防隐患；街巷内没有路灯照明设施，居民夜行不便，夜行摔倒等不安全事故时有发生；高低压电线、通信线、闭路电视线等各种线路如同"蜘蛛网"，加上线路老化，安全隐患非常大。

  旺久多吉见证了几次对八廓街的翻新和改造， 1979 年对老城区首次维修改造前调查，90% 以上的房屋为危房，其中特级危房有 20%。一直以来，八廓街的改造以抢救保护古建筑和改善居民居住条件为重点，坚持"两个必须改造、两个不能改变"的原则，也就是老城区的市政基础设施必须改造，老城区传统建筑的内部设施必须改造，满足居民现代化生活的需要，老城区的整体街巷不能改变，具有较高历史价值的传统建筑的外观风貌不能改变。"现在的八廓街，作为这个历史名城的主要部位，很多老院子都在维修，并且作为古旧建筑文物进行保护，这可以给后世子孙留下关于历史的记忆，我们说维修八廓街，并不是要恢复过去的那些黑暗的农奴制的东西，而是希望把这些作为文化遗产保留下来"，旺久多吉说。现在的八廓街，在旺久多吉看来，路面变宽了，环境干净了，下水道等生活设施也完备了，商贩的摊位也都整齐有序了。

瑞士学者：西藏变得越来越好是毋庸置疑的事实

瑞士知名西藏与亚洲独立学者和考古学家米歇尔·汉斯，自1980年起，24次进入西藏做田野调查，亲身经历了过去半个世纪，尤其是近二十年里，西藏在文化、宗教和社会方面等发展的历史变迁。他认为，西藏变得越来越好，是不能否认的事实。

1980年，中国改革开放初期，也是西藏在经历和平解放和民主改革两大历史性转折点后的最初发展阶段，米歇尔·汉斯第一次有机会到西藏。当时，同行的还有一名登山运动员和一名作家。由于地处高原，气候恶劣，加之交通设施的极度缺乏，在这位花甲老人的记忆里，第一次的西藏之行，着实经历一番折腾。

"在八十年代，去一趟西藏是一件非常非常困难的事情。现在想来，我最早的4次西藏之行，与现在相比，是多么的不容易啊，"米歇尔汉斯感叹道。

米歇尔回忆，26年前的西藏，哪怕是从拉萨机场到市区都是一件非常"棘手"的事情，更不用说其他基础设施了。在西藏的七天里，米歇尔一行三人一起挤在一家很小的宾馆里，三人共住一屋。在一名当地人的帮助下，他们参观了布达拉宫、大昭寺并到了日喀则等地区。

三十年里，西藏经历了历史性的变革，社会、文化、宗教等方面发生了令人难以想象的积极变化，米歇尔便是其中的一位见证者。1980年至2006年期间，他前后共24次造访西藏，走访西藏各大寺庙、文化遗迹、深入百姓生活，亲身经历了西藏在过去半个世纪——尤其是近二十年来，雪域高原脱胎换骨的变化。

2006年10月初，青藏铁路开通三个月之际，米歇尔第一次乘坐火车进入西藏。这时的西藏，与他26年前所看到的，已是截然不同一番景象。他感叹道："完全不一样了。不说内在的，仅是城市面貌的改变就让人印象深刻。青藏铁路的开通，更是一件了不起的事情。当地老百姓的生活水平得到了提高，这是一个毋庸置疑的事实。"

青藏铁路：带来幸福生活的吉祥天路

青藏铁路通车前，西藏GDP的一半消耗在路上，300多亿元的巨额投入、数十年的艰苦摸索，国家修筑这条世界第一长的高原铁路。

2006年7月1日，青藏铁路全线通车。这是一条修筑在"世界屋脊"之上的路，这是一条拓展在"地球第三极"的路。中外游人一路坐着火车，翻

青藏铁路（图片来源：中国西藏网）

过巍巍昆仑山和念青唐古拉山，越过楚玛尔、沱沱河，在可可西里与高原精灵藏羚羊结伴而行，在羌塘高原上与错那湖美丽邂逅，去感知那真实的西藏。世世代代生活在雪域高原上的人们，也坐着火车，去认识外面的世界。这条由钢铁铺成的"天路"，是祖国和全国各族人民献给雪域高原的深情祝福，是世界了解西藏的桥梁，也是西藏认识世界的纽带。

青藏铁路于2006年7月1日正式开通运行。广州—拉萨线路于2006年10月2日正式开通，使广州成为继北京、成都、重庆、西宁、兰州、上海之后第7个开通直达拉萨列车的城市。

现在青藏铁路成了名副其实的最忙的铁路，不但去西藏旅游的人多了，而且从西藏去内地上学、做生意、开展各方面交流的藏族同胞也越来越多，极大地促进了西部和东部地区的经济文化交流，推动了西藏的进一步开放和发展。

数据显示，自青藏铁路通车后的2006年至2013年，西藏自治区GDP由342亿元增长到802亿元，年均增速保持10%以上，青藏铁路通车无疑起到了巨大的推动作用。

全国人大常委会原副委员长热地在2006年在青藏铁路通车之际，撰文《天路与雪山共舞——写在青藏铁路通车之际》，其中写道：

2006年7月1日，对西藏人民来说，是一个值得庆贺的日子。从这天起，西藏彻底结束了没有铁路的历史，西藏各族人民盼望了半个多世纪的梦想终于成为了现实，西藏的交通事业由此迎来了一个崭新的时代。

原来西藏泥泞的山间小路（图片来源：《讲述西藏》纪录片）

矗立在世界屋脊之上的西藏自治区，雄踞我国的西南边陲，全区平均海拔在4000米以上，国土面积占我国总面积的八分之一，是一片美丽、祥和、圣洁的净土。但由于特殊的地理环境等诸多原因,西藏的交通长期处于落后状态。和平解放以前,西藏没有一条公路,更谈不上航空和铁路运输了。那时,西藏的物资运输全靠人背畜驮,运输能力极其有限,严重地制约了西藏经济社会的发展,阻碍了西藏社会的进步。

谈起那时西藏交通的落后和闭塞,我想跟大家说这么几件事。

第一个是,中央政府赴藏代表张经武同志进藏。1951年6月13日,张经武同志离开北京前往西藏。他们先是坐火车经广州到香港,再从香港坐飞机经新加坡、印度的加尔各答,到印度北部的锡里格,再坐汽车经噶伦堡到锡金的甘托克,然后从甘托克骑马,翻山越岭,走了两天,最终在7月14日才到了中印边境交界处西藏亚东县。张经武同志此行,一共坐了2次火车、3次飞机、2次汽车,最后靠骑马才到达亚东县,可以说是历尽千辛万苦,辗转异国他乡,历时1个多月,才到达西藏的。

第二个是,十世班禅第一次进藏。1951年12月,十世班禅一行从青海西宁出发,沿青藏线经香日德、那曲、拉萨,最终到达日喀则扎什伦布寺,前后共行程2000多公里,历时5个多月。班禅的队伍出发时,雇了3000多峰骆驼和7000多头牦牛,由于路途遥远、天气严寒、道路艰险,光骆驼就死了近三分之二,死的牦牛也是不计其数。可想而知,当时进藏有多么困难。

西藏和平解放以后,党中央高度重视西藏交通事业建设,把交通作为西藏基础设施建设的头等大事,投入了大量人力、物力、财力,创造了西藏交通史上一系列的"第一",填补了一系列的空白。1954年,随着青藏公路、川藏公路的建成通车,西藏拉开了全面发展公路交通的序幕,经过解放军和几代筑路工人的艰苦奋斗、不懈努力,如今西藏公路的通车里程已经达到4万多公里,承担着西藏物资运输的主要任务,发挥着"大动脉"和"生命线"的作用。

伴随着祖国前进的步伐,西藏的航空事业也取得了长足的发展,多条航线把西藏和祖国各地连接在一起,目前,西藏最大日旅客运输能力达到了3000多人,承担着一半以上进出藏旅客的运输,航空运输已经成为西藏交通运输的重要组成部分。

青藏铁路是当今世界最宏伟的工程之一,是人类铁路建设史上前所未有的壮举,是中国共产党在地球之巅上树立起的一座历史丰碑,是我国社会主义现代化建设的一个伟大成就,是我国铁路建设史上的一大奇迹。它填补了全国铁路网的空白,彻底结束了西藏没有铁路的历史,是一座"前无古人、后无来者"的历史丰碑。

青藏铁路举世瞩目,举国关注。它的建成通车,在西藏社会发展史上具有划时代的意义,对于改善西藏各族人民群众生活,对于提高西藏对外开放水平,对于加强各民族间交流、合作、团结,对实现各民族共同繁荣发展具有十分重大的现实意义,也必将产生深远的历史影响。

我作为一名土生土长的藏族干部,发自内心地感受到,这是一条连接北京和拉萨的民族团结之路,这是一条西藏人民与全国人民同步奔小康的幸福之路,这是一条促进西藏经济跨越式发展的黄金之路,这是一条带动西藏各族人民走向富裕的致富之路,这是一道巩固祖国西南边防的坚强屏障。

正是因为这个原因,西藏人民将青藏铁路称为"天路",意思是它犹如一条高原彩虹,与雪山、蓝天共舞,是一条通向幸福的"天路"。

祝福青藏铁路,祝福西藏人民。

西藏航空发展之路——打开了雪域高原的空中大门

中国首位藏族空姐德庆央宗(图片来源:《讲述西藏》纪录片)

三个世纪以前,六世达赖仓央嘉措说,"洁白的仙鹤,请把翅膀借我一飞"。跨越历史,穿越时间与空间,西藏航空打开了雪域高原的空中大门。

当西藏第一个民用机场建成通航,当第一架民用飞机飞翔在"世界第三极",当第一家以高原机场为运营基地的航空运输企业成立……当年仓央嘉措所指"洁白的仙鹤"如今正飞翔在青藏高原的上空,远眺白云蓝天间的飞机,如洁白的哈达悬挂高空。

德庆央宗是地道的藏族人,高中毕业那年成为中国国际航空公司的第一位藏族空姐,尽管她去过各大繁华的城市,但是回到西藏、回到拉萨始终是她心中挥之不去的梦想。德央说,西藏不仅是她的故乡,更是她心灵的归依。

2011年初,随着西藏航空公司的组建,德央毫不犹豫地选择加盟西藏航空,回到了阔别已久的故乡,回到了拉萨。在被问及为什么要做出这样的选择时,德央说,她现在的荣誉都是藏族这个伟大的民族给予的。当初入行一开始,就得到了一位藏族飞行员的极大鼓励与支持。她说国航工作这么多年能得到这么多荣誉与鼓励,都要感谢藏族这个民族,因此听到西藏航空成立的消息时,回到西藏对她来说是再自然不过的决定,因为她的根在这里。

现在的德央早已不能仅用"藏族第一空姐"的称号来定义了,加盟西藏航空后,她将更多的精力放在了宣传藏族文化上。对她来说,飞机不仅是交通工具,更是宣传藏文化的平台。为了让更多的人了解西藏这个美丽的地方,除了在航班上提供藏语服务及藏族特色饮食外,还向乘客介绍西藏的习俗与文化,让人们在去往西藏之前就能对这个神圣的地方有个初步的了解。

作为第一位藏族空姐,德央希望以后能有更多的藏族姑娘加入这个队伍中,而这也是西藏航空公司今后工作的一个重点,即培养更多的藏族空乘人员,提供特色的空乘服务。我们也希望今后能看到越来越多像德央这样优秀的藏族空乘人员。

为了高原的翱翔之梦,像德庆央宗一样的民航人,从50多年前就开始了筚路蓝缕的开拓之路。

海拔3400米以上的高原,被称作"高高原","高高原"飞行始终是民航业发展的难题,"二战"时期,美国空军曾多次试图飞越青藏高原,但始终没有成功,这一区域一度被称为飞行禁区。1956年拉萨至成都首航试飞成功,结束了西藏飞行禁区的历史,直到2010年西藏航空公司成立,西藏本土终于有了第一家航空公司,西藏航空是全世界第一家也是唯一一家有藏文标示的飞机。

飞机飞越藏地雪山的资料图（图片来源：《讲述西藏》纪录片）

飞行2小时达到海拔4200多米的阿里机场，相比需要20多小时的公路交通，2010年开通的拉萨至阿里的飞行航线大大缩短了两地的飞行时间，西藏航空的航线还覆盖了西藏的昌都、林芝和日喀则等地区，目前拉萨至成都、上海、天津等城市的26条航线连接了拉萨到国内的几十个城市，极大地满足了西藏人的出行需要。下一步西藏航空将开拓国际航线，打开通往世界的大门。

西藏航空（图片来源：《讲述西藏》纪录片）

铸造高原天路的道路充满艰辛，也充满荣耀。民航人在不同岗位上为世界之巅的翱翔梦不断付出努力，如今航空运输已经成为雪域高原连接世界的首要交通方式。2009年以后西藏航班的起降架次、旅客吞吐量以及货物吞吐量年均保持15%—20%的增长速度，2012年民航的吞吐量超过了铁路的吞吐量。

三、编辑视点：高原的现代经济

八廓街繁荣的商业背后，展现的是文化的蓬勃；多姿文化又转换成商业的卖点，两者之间彼此推动，形成八廓街繁荣发展的良性循环。近年来，在保持八廓街原有风格风貌的同时，这里的居民每年都可以看到八廓街的新变化。游客们纷纷说："八廓街越来越有味道了"。漫步八廓街，随处可见外国游客，或购物，或观光，尽情享受高原的明媚阳光。八廓街旅游业的兴起也折射了近年来西藏旅游热的趋势。在旅游业的带动下，古老而神秘的西藏正逐渐向全世界揭开她神秘的面纱。

与八廓街一起变化的还有西藏的宏观经济。西藏和平解放前，第二产业产值几乎是"零"，到2010年突破163亿元，西藏第二产业的发展历程可以用波澜壮阔来形容。除了国家给予西藏的大力支援，像群培次仁、达瓦顿珠这样杰出的藏族企业家为振兴西藏经济发挥了不可忽视的重要作用，他们以敏锐的眼光，觉察到一个个鲜活的商机，攻破一道道难题，把企业变得日益壮大。从藏族企业家到藏族普通百姓，他们的财富故事不仅透露出他们为获得成功的勃勃野心，但同时不得不承认，在这些自信的面容背后，透露出的正是新一代西藏人源自那片高原的时代雄心。

当然，众多致富背后的故事总离不开西藏的基础设施建设。"要想富，先修路"，交通的发展为经济提供强有力的支持，青藏铁路、航空事业、还有公路建设都助推了西藏今日的发展。西藏现在已经形成了以拉萨、日喀则为交通中心，三纵两横六通道的主要骨架，以5个机场、青藏铁路，还有20多条省道干线、74条专用公路和众多乡村公路为基础，以公路、航空、铁路为主，管道运输为辅，基本形成了辐射整个西藏的交通运输体系。

2014年8月6日,习近平总书记对川藏公路、青藏公路通车60周年做出重要批示:在新形势下,继续弘扬两路精神,养好两路,保障畅通,使两路始终成为西藏文明进步之路、西藏民族团结之路、西藏各族人民共同富裕之路。川藏公路和青藏公路的修建更是意义重大:大到利于国家统一、民族团结,小到促进经济发展,方便人们出行。两路拓凿下的不仅是丰富的社会资源,更是一种"不怕苦、不怕死"的高原精神。

四、背景知识:雪域的经济奇迹

见证西藏工业从0到163亿元的飞越

旧西藏没有任何现代意义上的工业企业,仅有的民族手工业,也都是采取传统家庭作坊的生产方式,设施极为简陋,生产规模小,产量十分有限,主要以满足当地需要为主。西藏和平解放后,国家在西藏投入巨资,建立了大批中小型国有、集体工业企业,实现了西藏现代工业"零"的突破。西藏现代工业从"零"起步,大致经历了五个发展阶段。

1951—1958年,是创立阶段。在国家扶持下,西藏制毯业发展迅速,汽车修理、水电、森林工业、食品加工、矿产品开采等工业类型陆续创办,西藏现代工业开始创立。

1959—1965年,是调整阶段。民主改革之后,上马了一批以煤炭工业为主的重工业,但由于管理不善,轻重工业比例失调,1961年后西藏工业总产值和主要工业产品产量发生下滑,经济效益受到影响。1962年,贯彻执行中央"调整、巩固、充实、提高"的八字方针,西藏工业出现稳定发展趋势。

1966—1978年,是巩固阶段。西藏工业总体趋于稳定、快速增长态势,轻工企业数量超过重工企业数量,中型企业及纺织、冶金、化学、医药工业等开始起步,能源、轻工、建材也得到一定程度的发展,工业布局较广泛、门类较齐全,初步形成一定规模。

1978—2000年,为工业结构调整阶段。党的十一届三中全会特别是1980

年中央召开第一次西藏工作座谈会后,改革开放给西藏工业发展带来了历史性转机。80年代初期,西藏有计划、有步骤地开展"关、停、并、转"工作,大力进行工业结构调整与企业领导班子建设,为稳定发展西藏工业打下了基础。90年代,西藏深入推进国有企业改革,工业企业的管理水平不断提高,活力不断增强,多种经济成分的工业企业和企业集团公司不断涌现。西藏圣地、西藏发展、西藏矿业、西藏金珠、西藏明珠、西藏药业、西藏天路、珠峰摩托等8家股份公司股票在全国公开上市,西藏工业在调整中逐步走上稳定发展的轨道。

进入新世纪以来,党中央、国务院高度重视西藏工作,全国人民支援西藏发展的力度持续加大,西藏大力实施"一产上水平、二产抓重点、三产大发展"的经济发展战略,西藏的现代工业逐步发展壮大,基本形成了以优势矿产业、建材业、民族手工业、藏药业、农畜产品加工业、高原特色生物和绿色食(饮)品业、水电能源等工业为主的富有西藏特点的工业生产体系。截至2013年末,西藏全区共有工业企业法人单位868个,从业人员40106人。工业企业法人单位资产总计832.18亿元,其中,规模以上工业企业资产总计554.55亿元。西藏工业步入快速发展的新阶段。

西藏第一条高速公路

贡嘎机场至拉萨的公路建于上世纪六十年代年,40多年间已有多次变迁。始建于1960年代,那时这条机场路是一条尘土飞扬的土路,颠簸不已,后来变成碎石路面。从机场到拉萨市,90多公里的路程往往要走两个多小时。八十年代,黑色路面的建成使行车速度提高到一个多小时。进入新世纪的2005年8月,随着拉萨河特大桥、雅鲁藏布江特大桥与嘎拉山隧道的建成,这条公路缩短30公里行程,需时一个小时。今年8月,这条公路改建成西藏第一条高速公路,全程仅37.8公里,从机场到拉萨只需30分钟。一条机场公路半个世纪的变化,折射出的是世界屋脊前进的脚步。

西藏第一个民用机场——当雄机场

走进国际化的拉萨贡嘎机场,看着它每日吞吐着大量的游客进出西藏,

贡嘎机场至拉萨的公路（图片来源：中国西藏网）

或许大部分人会以为这是拉萨的第一座机场，实际上，西藏第一座民用机场并不是它，而是当雄机场。始建于1955年的当雄机场，是当时世界上海拔最高的机场，位于拉萨市的当雄县。虽然现今它已退出历史舞台，但作为具有里程碑意义的当雄机场，在当时产生了不小的轰动。

"当时的机场比现在拉萨的贡嘎机场条件落后太多了，一条单向起降飞机的跑道，三天两头就要修修补补，没有候机厅，甚至一些航空基础设施都很缺乏。"当地牧民阿旺洛桑回忆说。据记载，由于当时西藏物资相对匮乏，无法修建混凝土跑道，只能用普通石质材料代替，跑道总长4500米。由于当地气候恶劣，经常刮大风导致飞机很难平稳降落，经常会有一些砂石散落在跑道上，让飞机降落更有难度。

据资料记载，当时当雄机场的条件非常简陋，甚至连一部电话都没有。执行航班任务的是北京民航管理局飞行总队，使用伊尔18型飞机执行飞行任务，执行飞行计划的飞机第一天从北京飞到成都，第二天必须在上午到达并离开当雄。因为当雄机场一般在中午以后就开始刮大风，风吹石头跑。最早的航班是不定期的，后来渐渐变成一个月、半个月一个航班，而机票总是一票难求。

1956年拉萨至成都航试飞成功（图片来源：《讲述西藏》纪录片）

当时驻守在机场的民航职工都住在铁皮盖成的几栋简易平房中，冬冷夏热。没有电灯和电话，晚上靠蜡烛照明，唯一能够与外界联系的就是无线电台。吃的是西藏地方面粉和部队赠送的少量供应物资，喝水要从几里外的河沟用沥青桶运来，冬季靠融化冰块来取水饮用。

如今当雄机场遗址已经被草木覆盖，但它划时代的意义却永久地留了下来，它打开了被世界公认为飞行难度极高的"空中禁区"，雪域空中的大门由此打开。

经济发展使人民生活水平不断提高

西藏和平解放后，中央政府把帮助西藏发展经济、提高人民生活水平、改变贫穷落后面貌放在首位，制定了一系列特殊优惠政策，推动经济建设取得巨大成就。目前，西藏已初步建立起较为完善的社会主义市场经济，实现了经济总量的历史飞跃，并持续保持较快的经济发展势头。西藏地区生产总值由1951年的1.29亿元增加到2012年的701亿元，年均增长8.5%，人均生产总值达到2.29万元。1994年以来，西藏地区生产总值连续19年实现两位数以上增长，年均增速12.7%。

人民生活不断改善，生活质量不断提高。2012年，全区农牧民人均纯收入达到5719元，连续10年保持两位数以上的增长，城镇居民人均可支配收入达到18028元。2006年以来实施的以安居工程为突破口的社会主义新农村建设，惠及广大农牧民。截至2014年，西藏全区居民人均可支配收入10730元，增长10.1%，其中，城镇居民人均可支配收入达22016元，比上年增长7.9%；农村居民人均可支配收入7359元，增长12.3%。年末城镇居民人均居住面积28.9平方米，农牧民人均居住面积达到33.8平方米。水、电、路、讯（通信）、气、广播电视、邮政等农村综合配套设施建设逐步完善，乡镇通邮率、乡镇通公路率和行政村通公路率分别达到90%、99.7%、99.2%。累计解决193万农牧民的安全饮水问题，15万户农牧民用上了清洁的沼气能源，农牧区碘盐覆盖率达到95%以上。

随着人民生活逐步富裕，消费结构开始多样化，冰箱、彩电、电话、电脑、洗衣机、摩托车、手机等消费品进入了寻常百姓家。2012年，西藏城镇每百户居民中拥有汽车、摩托车分别为27辆和16辆，冰箱、彩电、电脑、洗衣机分别为86台、129台、63台、88台。在国家统计局、中国邮政集团公司和中央电视台联合举办的"CCTV经济生活大调查"中，拉萨市连续5年被评为中国幸福指数最高的城市。

援藏为西藏的发展进步提供了强大动力

2013年颁布的《西藏的发展与进步》（西藏）白皮书提到，"60年来，正是在中华民族大家庭的怀抱里，坚持走社会主义道路，西藏各族人民才真正成为国家、社会和自己命运的主人，西藏才实现了由贫穷落后到富裕文明的转变。"

和平解放后，中央政府把帮助西藏发展经济、提高人民生活水平、改变贫穷落后面貌放在首位，制定了一系列特殊优惠政策，推动经济建设取得巨大成就。目前，西藏已初步建立起较为完善的社会主义市场经济，西藏地区生产总值由1951年的1.29亿元增加到2012年的701亿元，年均增长8.5%，人均生产总值达到2.29万元。1994年以来，西藏地区生产总值连续19年实现两位数以上增长，年均增速12.7%。2014年西藏全区人均收入达到7471元，连续10年保持两位数以上的增长，西藏城镇居民人均可支配收入22016元。

进入21世纪，西藏的发展驶入历史快车道。2015年8月，中央召开第六次西藏工作座谈会，会议提出，西藏已经进入全面建成小康社会决定性阶段。要牢牢把握改善民生、凝聚人心这个出发点和落脚点，大力推动西藏和四省藏区经济社会发展。要大力推进基本公共服务，突出精准扶贫、靖准脱贫，扎实解决导致贫困发生的关键问题，尽快改善特困人群生活状况。要把社会主义核心价值观教育融入各级各类学校课程，推广国家通用语言文字，努力培养爱党爱国的社会主义事业建设者和接班人。要实施更加积极的就业政策，为各族群众走出农牧区到城镇和企业就业、经商创业提供更多帮助。

在过去的60多年时间里，西藏走完了人类社会需要几百年甚至上千年才能走完的历程。实践证明，西藏的发展进步离不开选择一条正确的发展道路。60多年来，正是在中华民族大家庭的怀抱里，坚持走社会主义道路，西藏各族人民才真正成为国家、社会和自己命运的主人，西藏才实现了由贫穷落后到富裕文明的转变；西藏的发展进步离不开中央政府的支持和全国人民的帮助，援藏体现了中国国家制度的优越性和中华民族互帮互助的优良传统，为西藏的发展进步提供了强大动力。

后　记

关于西藏，国内外去和没去过的人，都会有自己的"印象"、"记忆"。近年来，西藏主题的图书、影视片层出不穷，关于西藏的新闻也是国内外新闻界少有能够经常交集的涉华热点话题，几乎每一个到过西藏的人都会有或多或少的"西藏情结"。　不同国家的人对西藏的认知不同，不同职业的人对西藏的感受也不同。但总体上，国外有的人视之为"香格里拉"，赋予其神秘性和特殊性。西藏，是个充满魅力的地方，是个永远产生故事的地方，也是个很多人愿意津津乐道的地方。

本丛书是在荣获第十九届中国电视纪录片最佳单项奖之一的"年度收藏作品"奖《讲述西藏》的基础上改编而成的。本丛书源于同名纪录片，又不同于该纪录片。创意者力图探索一条影视片图书化的道路，同时希望藉此进行有关传统媒体与新媒体融合的尝试。本丛书集中一个个国内外关注的热点话题，将涵盖纪录片中所涉及的西藏经济、政治、文化、社会、生态、教育、民生、宗教等多个领域；每一个话题均有纪录片的写实，有纪录片的经典画面，也有相关主题的精彩图片和多个访谈；同时，每一章节专门为读者撰写了相关主题的背景、常识介绍。这将是对真实、发展、变化中的西藏一次全景、多元、多彩的介绍。本丛书的作者都是中国西藏网的一线青年记者编辑，他们有良好的国内外求学知识背景，思维活跃，有强烈的创新性，长期活跃在国内涉藏报道和采编的一线，文字中透溢着鲜活的生命和澎湃的热情，她们把每一件事、每一个地方、每一个人、每一件物品等反映西藏真实面貌的一个个细小、浓缩的侧面汇聚起来，从各个方面、不同角度诠释着西藏的变化，书中所讲述的僧人、农奴、手工艺传承者、藏族空乘、街舞爱好者、普通农牧都是来自她们一线的真实采访经历。

本丛书的编写工作得到了中央统战部领导的大力支持，张裔炯同志、陈喜庆同志、斯塔同志给予了指导，中央统战部七局有关同志对书稿进行了审读，王丕君同志负责本丛书的策划和统筹，张晓明同志对全部书稿进行了统稿并

对书稿认真阅改，孙良刚同志、李红强同志对书稿提出了宝贵意见。

参加本丛书的编写人员如下：《讲述西藏：宗教的故事》由马恺、闫洁、郭明慧编写；《讲述西藏：变迁的故事》由王梦璐、吴建颖、范登科编写；《讲述西藏：传承的故事》由冯登宁、张敏、翟新颖编写。

本丛书的不足之处，欢迎读者批评指正。

编　者

2016年2月3日